基于移动学习系统的大学英语教学研究

任彦卿 著

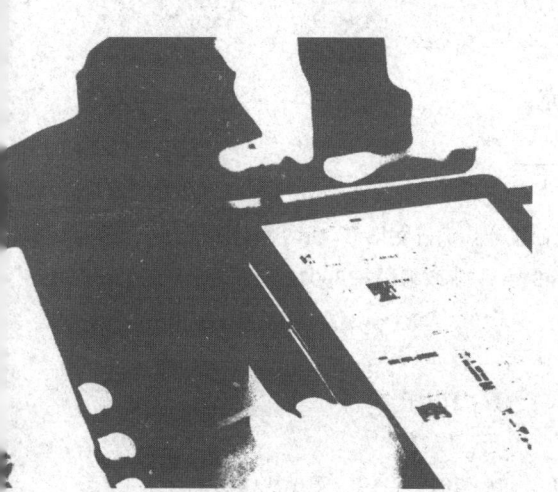

吉林人民出版社

图书在版编目(CIP)数据

基于移动学习系统的大学英语教学研究 / 任彦卿著 . -- 长春：吉林人民出版社, 2019.10
ISBN 978-7-206-16457-6

Ⅰ.①基… Ⅱ.①任… Ⅲ.①英语 – 教学研究 – 高等学校 Ⅳ.① H319.3

中国版本图书馆 CIP 数据核字 (2019) 第 247247 号

基于移动学习系统的大学英语教学研究
JIYU YIDONG XUEXI XITONG DE DAXUE YINGYU JIAOXUE YANJIU

著　　者：任彦卿	
责任编辑：赵梁爽	封面设计：优盛文化

吉林人民出版社出版 发行（长春市人民大街7548号） 邮政编码：130022

印　　刷：定州启航印刷有限公司	
开　　本：710mm×1000mm	1/16
印　　张：12	字　　数：210千字
标准书号：ISBN 978-7-206-16457-6	
版　　次：2019年10月第1版	印　　次：2019年10月第1次印刷
定　　价：68.00元	

如发现印装质量问题，影响阅读，请与印刷厂联系调换。

前　言

移动学习作为一种新兴的学习模式，其教育前景正越来越受关注。如今移动电话、iPad等手持移动设备已在生活中被广泛使用，如用于语音通话、发送短信息、视频聊天、听音频资料、网上查找资料等。与此同时，移动设备也越来越多地被应用到教育和语言学习领域。移动设备用户，从老师到学生，再到在职人员，都在逐步适应这种由移动设备创造的、教育无所不在的环境。

与传统课堂学习或者电脑的E-learning相比，移动学习（M-learning）可以突破时空的限制，为学习者提供随时随地学习的机会。作为通过有效结合移动计算技术能够让学习者随时随地学习的新形式，移动学习被认为是未来不可缺少的一种学习模式。

近年来，随着计算机技术、网络技术和通信技术的迅速发展，越来越多的研究者开始关注如何利用移动通信设备来支持学习者进行移动学习。移动学习的学习过程与传统学习是不能等同的。从传统教育学的规律来分析移动学习，已无法解决移动学习中存在的实际问题。

移动语言学习（Mobile—assisted Language Learning, MALL）是移动技术和语言学习的结合体，随着工作和休闲的移动性不断增强，外语学习也需要适应一系列的新规则。移动学习者能够随时随地地进行学习，其方式取决于学习者的自主性及为寻求信息和支持而创建的非正式性格化网络。在许多地区，外语学习被视为衡量职业成功的主要因素及受教育的标准，因此为学习者提供更为便捷的学习环境已成为主要教育战略目标之一，其目的是为了提高学习者的语言技能，支持学习者的多样化学习需求。如今移动语言学习不仅仅是学生语言教育的主要来源，也能支持新习得语言技能的维持和应用。通过参与一些简短的移动学习操练和任务，学习者可以不断保持语言技能，降低已有知识、技能和能力退化的风险。因此，移动学习的发展将推动我国教学模式的变革，对教育的普及、教育观念的更新和社会各阶层人员素质的提高都具有深远的意义，它必将带动我国的国民经济持续发展。

移动学习技术是一种新兴的学习技术，至今仍在不断变革和演化。它的理论和应用模式尚处于不断发展和完善中，人们对它的研究和实践也处于初级阶段，因此对移动学习的研究和实践是一个长期的过程。

由于时间仓促，水平有限，本书肯定还有一些疏漏和不足之处，期待各位专家和同仁的不吝指正。希望本书能起到抛砖引玉的作用，通过总结和讨论，帮助广大读者形成关于移动学习的初步认识，并激发大家进一步在英语教学实践中使用移动学习技术，在应用中进行验证，并不断创新。

目 录

第一章 移动学习概述 / 001

第一节 移动学习的基础认知 / 001
第二节 移动学习的研究现状及成果 / 027

第二章 移动学习的技术支持 / 038

第一节 无线网络技术与网格技术 / 038
第二节 移动学习的软硬件及网络环境 / 040
第三节 移动学习的终端设备与资源的实现 / 046
第四节 移动开发平台与工具 / 052
第五节 移动学习系统的技术支持及其开发技术 / 054

第三章 移动学习的资源设计 / 061

第一节 移动学习的资源概要 / 061
第二节 移动学习的资源设计 / 069
第三节 移动学习资源设计的现状分析 / 083
第四节 移动学习资源的开发 / 087

第四章 大学英语教学概述 / 090

第一节 大学英语教学的理论基础 / 090
第二节 大学英语教学的构成因素 / 103
第三节 大学英语教学开展的原则 / 111

第五章 现代大学英语教学模式现状分析 / 121

第一节 大学英语课程设置情况 / 121
第二节 现代大学英语教学模式 / 126
第三节 新时代背景下大学英语教学策略与学习策略改革 / 132

第六章　基于移动学习系统的大学英语听说教学模式的构建　/　152

　　第一节　基于移动学习系统的大学英语听说教学模式概述　/　152
　　第二节　基于移动学习系统的大学英语听说教学模式的设计与实践流程　/　157
　　第三节　基于移动学习系统的大学英语听说教学模式的形成性评价　/　167
　　第四节　基于移动学习系统的大学英语听说教学模式的学习策略培养　/　170

第七章　基于移动学习系统的大学英语翻转课堂模式　/　173

　　第一节　移动学习与英语教学　/　173
　　第二节　英语教学中QQ（微信）群+Tablet PC的移动学习　/　177

参考文献　/　182

第一章 移动学习概述

第一节 移动学习的基础认知

一、学习的本质与移动学习

学习的本质究竟是什么呢？首先，学习是一项以个人为主体所从事的基本活动。广义的学习是人生活与工作的基础。从哲学的角度分析学习与工作、生活，乃至国家政策制定的关系，是从宏观理解学习本质的基础。其次，学习是人与特定环境进行交互的一个极其复杂的过程，涉及哲学、社会学、人类学、心理学、生理学、教育学等多个学科。唯其如此，才出现了众多关于学习的理论，且都具有合理性，又让人难以从根本上理解学习的本质。从心理与生理科学的角度，立足于微观的个体理解学习的本质是探究学习本质的关键。最后，随着信息与通信技术的发展，学习逐渐表现出系统性的一面，因而，教学设计方法在20世纪五六十年代经历了从信息传播到系统科学的范式转换。基于信息与通信技术的学习，最充分地表现出其复杂性与系统性的特征，因此，从系统科学的角度，围绕学习的内部条件与外部环境探究学习的本质问题，是系统、全面、根本地理解学习本质的必然选择。移动学习的出现可以满足现代人对于学习的需求，解决工作繁忙与流动性较大等不利于传统学习的问题。但从更深的层次来看，学习的目的是为了在实际的工作及生活中更好地适应社会与自我发展。美国教育学家杜威在《民主与教育》一书中阐述教育哲学时指出："社会不仅通过传播与通信交流而延续，确切地说，社会更是在传播与通信交流中延续着的。人类借助于我们拥有的共同的东西（如价值、信仰和生活方式）而生活在社会之中，而通信交流是一种让大家互相走到一起获取这些共同的东西（如价值、信仰和生活方式）的一种方式。"这段话表明通信交流本身就是一种学习。在学校出现以前，人际与代际的通信交流是人类学习及文明延续的主要途径。当社会发展到一定阶段，社会传统如此丰富并应加以记录与保存，从而要求一部分人具有读写能力以完成这样的工作。而掌握读写能力是通过零散的日常通信交流无法实现的，学校正是在这个时候出现的。

20世纪60年代，麦克卢汉也指出："今天大多数的学习发生在课堂之外。通过报纸、杂志、电影、电视和广播所传送的信息量要远远超过学校教学和课本所传送的信息量。"21世纪的今天，随着互联网的出现，信息无处不在。传统学校教育面临着巨大挑战，课程改革是各个国家教育改革的主旋律。甚至有人指出："课程、文凭和分年龄教学的一整套概念是完全过时了的传播知识的产物。学校仅为过去的原始技术所决定的产物。学校——这一人造学习的地方，仅让学生学习他们不能在生活及学习环境中自然获得的内容。当人们在生活中可以自然地学习任何他们想学的内容时，学校也就消失了。"当今学校的真正意义，正在于其为许多年龄相仿的人走到一起交流、讨论、参与学习活动提供机会。而灌输式、乏味的课堂教学却成了学校最需要改革的内容。

教育与学习的重要性是人所共知的，但如何教育、如何学习却是一个值得深入思考的问题。传统学校课堂教育制度的缺陷已暴露得较为充分，各国课程改革的一个共同方向就是倡导基于问题的学习、研究性学习、综合课程、活动课程。在过去，教育技术与手段的落后与教育内容的复杂性导致生活与学习的分离以及学校的出现；而现在，先进的教育技术与手段的跟进使得生活与教育的界限、社会与学校的界限、通信交流与学习的界限开始逐步消解，人类有可能再次进入一个没有学校的社会，或者学校经过了改革成为一个模拟型社会。从宏观角度看，教育就是生活；从微观角度看，学习就是对话与通信交流。人类社会从其诞生时起，就是一个学习型社会，一个全民教育的社会，一个终身学习的社会。

技术的发展使得知识的获取与技能的习得不必局限于学校。学校与社会之间的界限日渐模糊，学科之间的界限也限制了学生创新能力的培养，通信交流的作用与意义被人们重视与理解。无线网络技术使得通信交流非常方便，学习也可以随时随地进行。以无线网络技术和移动通信技术为基础的移动学习将进一步消解生活与教育、学校与社会、通信交流与学习、学科与学科之间的界限，还原学习的真正本质。

二、学习理论

在日常生活中，对于大多数人来说，学习意味着阅读、做作业、在课堂听讲等，而学驾驶、学游泳等都不算是严格意义上的学习。因此，日常生活中的学习概念是狭义的，主要是指文化科学知识的学习。与此相反，人本主义学习理论的倡导者罗杰斯却指出："那种把毫无生气、枯燥无味、无用而易迅速遗忘的东西'填鸭式'灌输给可怜而无助的、一本正经端坐在教室的孩子的行为并不是真正的学习。真正的学习是由永不满足的好奇心驱使的，吸收一切所看、所听、所阅读知识的行为。"日常生活中对于学习的理解是不准确的，譬如阅读教科书被认为是学习，而阅读小说则被看作娱乐。日常生活中的学习概念也是对学习本质的一种误解，这种误解导致了很严重的后果。不少学生将学习视为一件苦差事，逃学、厌学现象并不少见。因此，思考学习的本质问题，对学习做出科学、准确的定义不仅有学术意义，更具有实践的指导价值。

在心理学诞生以前，学习一直是哲学所研究的内容。关于学习的理解主要可以划分为以亚里士多德为代表的经验主义学派和以柏拉图为代表的理性主义学派。亚里士多德的基本观点是，认识是由感觉开始的，由个别事实上升到一般概念。知识是建立在由经验而获得的各种基本感觉的基础上的。学习就是一个经验积累的过程。柏拉图的基本观点是，所有知识都是有机体生来就具备的，推理被认为是获得知识与真理的手段。学习是一个有机体推理的过程。

马克思主义认识论将经验主义与理性主义融为一体，认为感性认识与理性认识是人类认识过程的两个必要环节。学习是以感性认识为基础，并经过推理的理性认识阶段，最终完成认识事物外部现象和把握事物内部本质的循环往复、螺旋上升的复杂过程。

自19世纪末开始，学习被作为一种心理现象加以研究，随后出现关于学习本质的不同理解的学习理论，从行为主义、认知主义、建构主义、人本主义到情境主义认知与学习理论。学习理论研究经历了三个主要范式的转变：从行为主义"刺激反应，学习理论的假设"到"认知科学的基于认知的信息加工理论的学习隐喻—学习是知识的获得"，再到"情境认知与学习理论参照人脑的认知机制构建学习隐喻—学习是知识的建构，是意义的制定"。网络技术的发展促使出现第四种有关学习的隐喻，即学习是社会协商与交流。

所有这些关于学习的理论都将学习理解为一种过程。行为主义学习理论将学习定义为由经验积累引起的行为、能力和心理倾向的比较持久的变化的过程，主要代表人物有桑代克、巴甫洛夫、斯金纳等。他们认为学习是可以认识到的，是某些过程之后的一种结果。这种定义难以揭示学习的本质，仅仅界定了学习所产生的结果。基于这一概念，关于学习的分类只能从行为倾向变化的结果进行，如以教育目标分类为导向（如布鲁姆的认知、情感与动作技能分类）。

认知主义学习理论认为，学习是个体内部的一种心理过程，主要代表人物有皮亚杰、奥苏贝尔、布鲁纳、加涅等。他们提出认知图式、心理结构与符号系统等概念，认为学习是个体在与环境的交互作用过程中，在原有心理结构基础上，应用符号系统进行知识的处理与加工，建立起新的认知图式的过程。这种定义难以解释技能学习中的一些现象。

建构主义学习理论认为，知识不是通过教师传授得到的，而是学习者在一定的情境即社会文化背景下，借助其他人（包括教师和学习伙伴）的帮助，利用必要的学习资料，通过意义建构的方式而获得的。由于学习是在一定的情境即社会文化背景下，借助其他人的帮助即通过人际间的协作互动而实现的意义建构过程，因此建构主义学习理论认为"情境""协作""会话"和"意义建构"是学习环境中的四大要素或四大属性。

人本主义学习理论认为，学习是个体实现自我的过程，主要代表人物有马斯洛与罗杰斯等。他们从学习与社会、个人发展的关系的角度，认为学习是个体的一种社会需要，是个体实现社会价值的基本方式。人本主义学习理论根本没有解释学习的本质问题，更多揭示的是学习对于个人发展的建构意义、学习与社会的关系等宏观问题。因此，人本主义是从人类学的角度来研究学习的。

社会与情境主义学习理论认为，学习是个体在社会情境中与学习环境的交互并对环境进行观察的过程，学习也是个体从实践共同体的边缘走到中心的过程，其代表人物有班杜拉、莱夫和温杰、撒洛蒙等。社会与情境主义学习理论着重于人与环境，包括自然环境与社会环境的关系，更多地从社会学的角度研究学习的本质，认为学习是个体社会参与和社会化的过程。情境认知强调将知识视作工具，并试图通过真实实践中的活动和社会性互动促进学生的文化适应。情境认知将概念性知识看作一整套工具，这是理解知识的一个全新视野。他们认为，工具和知识共享着若干重要特征，它们都只能通过运用才能完全被理解，它们的运用既必须改变使用者对世界的看法，又必须选用所处文化的信念体系。情境认知与情境学习对知识在学习过程中的特征与作用的传统观点发起了挑战。该理论不是把知识作为心理内部的表征,而是把知识视为个人和社会或物理情境之间联系的属性及互动的产物。因此,参与基于社会情境的一般文化实践是个人知识结构形成的源泉。心理学研究表明,在特定情境中获得的知识比所谓的一般知识更有力和更有用。为此,该理论认为,学习不仅仅为了获得一大堆事实性的知识,学习还要求思维与行动,要求将学习置于知识产生的特定的物理或社会情境中,学习要求学习者参与真正的文化实践。持知识和情境活动相联系观点的情境认知与情境学习理论,将研究学习的焦点移至实践共同体中学习者社会参与的特征,将社会参与视为学习的关键成分,并要求学习者通过理解和经验不断地相互作用,在不同情境中进行知识的意义协商。

三、与移动学习相关的学习理论

移动学习与非正式学习、情境学习、境脉学习、活动学习、经验学习等新型的学习理论有着密切的关系。一方面,这些新型的学习理论为移动学习提供了实践的基础;另一方面,移动学习也为这些学习理论在实践中的应用提供了实现的技术手段与方法。

(一) 行为主义学习理论

很早以前,人们对儿童是如何学习和掌握语言便产生了强烈的兴趣,也试图解释语言学习的内在规律和儿童学习语言的整个过程。但是,直到20世纪初,一种建立在实验基础上的语言学习和语言习得理论的解释才被人们较为广泛地接受,这就是行为主义学习理论。行为主义学习理论最初来源于俄罗斯科学家巴甫洛夫的"条件反射"概念,这一概念主要指在特定的条件下,通过重复性的反射作用使动物的某种习惯得到强化,并逐步将这种习惯固定下来。在巴甫洛夫的实验中,他不间断地用叉子发出声音,使狗养成了分泌唾液的习惯。他的实验结果及从实验中得出的这一概念为探讨儿童语言习得开辟了一条新的、重要的途径,同时为后面的行为主义学习理论的建立打下了重要的基础。

受巴甫洛夫的"条件反射"概念的启发,人们开始从实验及理论两个方面探讨儿童学习语言的过程,并在观察的基础上形成了相应的观点。其中之一是,儿童学习语言也是通过对周围条件做出的正确反应后逐渐形成的说话习惯,它也是一个不间断的"刺激—反应"的过程。如母亲手里拿着奶瓶,同时讲着"want milk",这一情景数次出现后,婴儿便能够将牛奶的"形""音""意"三者联系起来，并做出正确的反应。在这种不断与各种事物的"刺激—反应"过程中，儿童逐步掌握了自己的母语。

行为主义产生于20世纪初的美国，代表人物是华生和斯金纳。行为主义心理学认为，行为就是有机体用以适应环境变化的各种身体反应的组合，这些反应不外乎是肌肉的收缩和腺体的分泌，它们有的表现在身体外部，有的隐藏在身体内部，其强度有大有小。他们认为，具体的行为反应取决于具体的刺激强度，因此，他们把"S—R"（刺激—反应）作为解释人的一些行为的公式。学习的起因被认为是对外部刺激的反应，只要控制刺激就能控制行为和预测行为，从而也就能控制和预测学习效果。当外界环境产生特定的刺激时，会引发相应的条件反射，如果这种反射得以加强，刺激和反应之间就建立了某种联结，学习也就相应地发生了。

行为主义的主要观点可以概括如下：

1. 机械唯物主义决定论

这种观点承认世界的物质性，却用孤立、静止、片面的观点来解释世界，看不到世界中事物和现象之间的普遍联系和变化发展，或者只是承认机械的联系和机械的运动，因而表现出机械的、形而上学的特征。

2. 要求心理学必须放弃与意识的一切关系

这种观点提出两点要求：第一，心理学与其他自然科学的差异只是一些分工上的差异，行为主义理论认为，心理学的任务就在于发现刺激与反应之间的规律性联系，这样就能根据刺激而推知反应，反过来又可以通过反应推知刺激，从而达到预测和控制行为的目的；第二，必须放弃心理学中那些不能被科学普遍术语加以说明的概念，如意识、心理状态、心理、意志、意象等。

3. 极力要求用行为主义的客观法去代替内省法

这种观点认为客观法有以下四种：

（1）不借助仪器的自然观察法和借助仪器的实验观察法；

（2）口头报告法；

（3）条件反射法；

（4）测验法。

斯金纳属于新行为主义心理学，他只研究可观察的行为，试图在刺激与反应之间建立函数关系，认为刺激与反应之间的事件不是客观的东西，应予以排斥。斯金纳认为，可以在不放弃行为主义立场的前提下说明意识问题。

4. 行为主义

这种观点认为：学习是刺激（S）与反应（R）的联结，学习过程是渐进式的尝试与错误的过程，形成固定的S—R联结，直到最后成功。行为主义特别强调"强化"的作用。

在20世纪30年代，美国著名的语言学家斯金纳提出了"操作制约"理论（operation conditioning），它是行为主义学习理论的一个重要组成部分。该理论认为语言学习的过程可以看作是一个不间断的"操作"（operation）过程，即出发动作，得到一个结果或一个目的（这一动作就称为"操作"）。如果这一动作的结果是满意的，就会重复"操作"，这时"操作"便得到了"强化"，这也称为"正向强化"（positive reinforcement）。儿童的语言学习过程正是这样一个不间断的"操作"过程，使语言行为逐步形成。

从整体上来讲，行为主义学习理论的观点可以概括为以下四个方面：

（1）语言是一种习惯，是人类所有行为的基本部分，是在外界条件的作用下逐步形成的。

（2）在语言习得和语言学习的过程中，外部影响是内因变化的主要因素。因此，语言行为和语言习惯是受外部刺激的影响产生变化的，而不是受内在行为的影响。

（3）儿童习得和学习语言的过程是按照操作制约的过程进行的，即发出动作—获得结果—得到强化。这也是儿童语言习得的最基本的客观规律。

（4）语言行为需要正向强化才能形成并得到巩固。正向强化主要指学习上的成就感和他人的赞许和鼓励，它是帮助学习者形成语言习惯重要的外部影响因素之一。

在20世纪中期，行为主义学习理论的观点在教学实践中被广泛接受后，人们开始设计出以句型操练（pattern drill training）为主体的教学模式，以便帮助学习者更快地掌握目的语并进行语言交流。这种类型的语言操练宗旨在于使语言学习者对目的语进行不间断的重复和机械性的实践，进而达到"刺激—反应"的效果，最终达到帮助他们形成语言习惯的目的。反复操练或反复实践一直被看作是语言学习的一个重要的、有效的手段，在外语教学中，尤其是在语言学习的初级阶段，这一手段得到广泛应用。

行为主义学习理论的建立为人们深入了解和客观地解释语言学习现象提供了一条重要的途径，使人们能够从一个新的角度认识语言学习规律和语言学习过程，并将其建立在一个比较科学的基础上。

移动学习兴起的阶段，人们自然想到利用移动设备的便携性、移动性和无处不在的通信，开始将原来在电脑上运行的课件迁移到手持式设备中。原来通过网络传递内容的方式，现在改为通过无线技术更便捷地传递；原来需要通过有限的数据网络进行互动和反馈，现在可以通过无线技术进行互动和反馈。这一阶段移动学习核心考虑的是内容设计、内容传递和无线交互，还是以知识为中心，这种移动学习范式的主要理论基础是行为主义学习理论和认知主义学习理论。

基于行为主义学习理论的移动学习，利用移动设备来呈现学习材料，使学习者作答，并提供适当的反馈。在这种范式中，促进学习的最好方法是强化某一特定刺激与反应的关系。移动学习可以先提供一个问题（刺激），再由学习者提供解决方案（反应），并由系统的反馈强化这一过程。

例如，在"有道口语大师"这个 App 中，在课程这一部分，学习者利用短暂的时间使用自己的智能手机就能随时随地地进行听力练习。根据行为主义的及时反馈，此部分的练习题在一段段听力过后，学习者再选择问题的答案。如果选择错误，系统就自动播放第二遍、第三遍，直到学习者选出正确答案，符合行为主义的尝试与错误的观点。如果学习者回答正确，系统将出现此练习题的解释。学习者就会将图片与所听到的关键词联系起来，以促进学习者的学习。在听力部分后面有相应的口语练习，可以进一步强化。

（二）认知主义学习理论

认知主义源于格式塔心理学派，这个学派认为学习是人们通过感觉、知觉得到的，是由人脑主体的主观组织作用而实现的，并提出学习是依靠顿悟，而不是依靠尝试与错误来实现的观点。自 20 世纪 60 年代之后，认知派学习理论逐步取得了主导地位，进而发展为现代建构主义学习理论。

该理论关于学习的观点是：关于学习的心理现象，否定刺激与反应的联系是直接的、机械的，认为人们的行为是以"有机体内部状态"——意识为中介环节，受意识支配的，他们以 S—O—R 这一公式代替 S—R 这个公式（O 为中介环节）；学习并不在于形成刺激与反应的联结，而在于依靠主观的构造作用，形成"认知结构"，主体在学习中不是机械地接受刺激、被动地做出反应，而是主动地、有选择地获取刺激并进行加工；对学习问题的研究，注意内部过程与内部条件，主要研究人的智能活动（包括知觉、学习、记忆、语言、思维）的性质及其活动方式。认知主义强调学习过程是每个学习者根据自己的态度、需要、兴趣、爱好并利用已有的知识经验对当前的外界刺激（如教学内容）主动做出的有选择的信息加工过程，学生不再是外界刺激的被动的"接收器"，而是主动地对外界刺激所提供的信息进行选择性加工的主体。这一学派的代表人物有皮亚杰、布鲁纳、奥苏贝尔和加涅。

认知派学习理论为教学论提供了理论依据，丰富了教育心理学的内容，为推动教育心理学的发展立下了汗马功劳。认知派学习理论主要的贡献是：

第一，重视人在学习活动中的主体价值，充分肯定了学习者的自觉能动性。

第二，强调认知、意义理解、独立思考等意识活动在学习中的重要地位和作用。

第三，重视人在学习活动中的准备状态，即一个人学习的效果，不仅取决于外部刺激和个体的主观努力，还取决于一个人已有的知识水平、认知结构、非认知因素。准备是任何有意义学习赖以产生的前提。

第四，重视强化的功能。认知学习理论由于把人的学习看成是一种积极主动的过程，因而很重视内在的动机与学习活动本身带来的内在强化作用。

第五，主张人的学习的创造性。布鲁纳提倡的发现学习论就强调学生学习的灵活性、主动性和发现性。它要求学生自己观察、探索和实验，发扬创造精神，独立思考、改组材料、自行发现知识、掌握原理原则，提倡一种探究性的学习方法。强调通过发现学习来使学生开发智慧潜力，调节和强化学习动机，牢固掌握知识并形成创新的本领。

与现在的台式电脑相比，移动设备具有显示屏幕小、分辨率低、计算性能有限、输入不方便、网络连接速率低等一系列问题。在这些限制条件下，如何精心设计内容以符合移动学习过程中的认知规律很重要，在学习设计中，不仅仅是考虑"刺激—反应"，还要考虑学习者原有的认知结构和认知规律。认知主义体现在移动学习设计上就是强调学习内容分析、学习者分析、学习环境设计和教学策略设计，强调教学设计首先要充分考虑学习者的认知特征并把重点放在教学组织策略上，强调教学内容的组织和传递策略必须充分考虑学生原有的知识结构。

移动设备作为学习活动本身的一部分，可以吸引学习者的注意力。由于学习者对环境的不同部分是有选择地注意，因而问题呈现的方式与知觉特征就显得非常重要，移动设备能够非常有效地突出材料的特征。移动设备能够帮助学习者进行精细加工，安排广泛的、在实际情境中可变的练习，为学习者提供应用概念的各种情境，因此，移动技术经过精心设计后，能够有效地促进学习认知。另外，移动设备的弱计算性能、小屏幕等限制条件，也要求对学习内容做精心设计。认知主义在移动学习中的集中体现，就是强调个别化学习，强调学习对象的小规模学习。为了更好地利用移动技术来促进移动认知，开发新形式，有利于移动设备的学习材料就显得非常重要。需要根据移动学习的特点，将整个学习内容分解成各个部分，并将学习材料设计成学习对象。使用学习对象可以很好地支持小规模学习，学习对象可以重复使用、自由组合。

英国 Ultralab 根据 M-learning 计划的研究目标，通过分析 16～24 岁的欧洲青年人的学习特征，开发和建立了支持移动学习的 WAP 教育站点。他们认为，现在移动学习发展缓慢是因为大多数移动设备屏幕尺寸小、分辨率低、计算能力不强及存储能力有限，连接各种各样的移动设备到同一个网络也非常困难。为了适合这些青年人的认知特征，使他们能够对移动学习保持持久的兴趣，研究人员在学习资源的建设上下功夫，着重选取能够贴近学习者的生活和工作，同时又较为时尚和流行的主题作为学习内容。他们设计的基于 WAP 技术的数字化学习课程主要内容有：即时提醒与警告；与同伴及教师交流；即时反馈的多项选择测试；每日提示；按照学习对象原则设计的数字化学习的课程材料；主题信息搜索；课程注册信息；等等。

（三）建构主义学习理论

随着心理学的不断发展，以及心理学家对人类学习过程中认知规律研究的不断深入，到 20 世纪后期，认知理论的一个重要分支——建构主义学习理论在西方逐渐流行。建构主义的最早提出者可以追溯至瑞士学者皮亚杰以及苏联心理学家 Lev Vygotsky，他们最先提出了以内因和外因相互作用的观点来研究人们认识事物的客观规律。他们认为，人的认知是在与周围环境相互作用的过程中逐步建立起相关的知识概念，从而使自身的认知能力得到发展。之后，这一观点用于解释和探究语言学习过程。

建构主义学习理论认为语言学习环境中的"情境"，实际上就是教师为学习者创造的语言交际活动的、较真实的场景和相应的交流活动，其目的是使学生在这样的环境下和语言活动中完成意义建构。"协作"主要指学习者之间通过语言而进行的相互合作，其中包括对学习资料的共享、学习成果的评价及最终意义的建立等。"会话"是"协作"过程中的重要环节，学习者之间需要通过会话商讨的方式，也就是"意义协商"完成规定的学习任务。此外，"协作"过程也是"会话"和"讨论"的过程。"意义建构"是语言学习应该达到的最终目标，建构意义主要指事物的性质、规律及事物之间的内在联系。

建构主义学习理论还认为,学习者获得知识不完全决定于学习者记忆和背诵教师讲授内容与书本的能力,而是由学习者自身的经验及与他人协作的结果决定的。同时,建构主义学习理论认为教师应该成为学生建构意义的帮助者,这就要求教师在教学过程中尽可能地激发学生的学习兴趣,帮助学生形成学习动机,并通过设计符合教学情境和提示新旧知识的联系,帮助学生建构起所学知识的意义。建构主义学习理论的提出使人们认识到语言学习在一定的情境下是一种合作和互动的过程。因此,语言教学应该重视学习者在学习过程中这种互动和合作的关系。

建构主义是认知主义的进一步发展,在皮亚杰和早期布鲁纳的思想中虽然已经有了建构的思想,但相对而言,他们的认知学习观主要在于解释如何使客观的认知结构通过个体与交互作用而内化为认知结构。20世纪70年代末,以布鲁纳为首的美国心理学家将苏联教育心理学家维果斯基的思想介绍到美国,对建构主义思想的发展起了极大的推动作用。

建构主义认为世界是客观存在的,但是对于世界的理解进而所赋予的意义却是由每个人自己决定的。人们是以自己的经验为基础来建构或解释现实的。人们的个人世界是用自己的头脑创建的,由于各自的经验及对经验的信念不同,人们对外部世界的理解也不同。因此,建构主义学习理论认为"情境""协作""会话"和"意义建构"是学习环境中的四大要素或四大属性。在建构主义学习环境中,教学设计不仅要考虑教学目标分析,还要考虑有利于学生建构意义的情境的创设问题,并把情境创设看作是教学设计的重要内容之一。协作发生在学习过程的始终,协作对学习资料的搜集与分析、假设的提出与验证、学习成果的评价直至意义的最终建构均有重要作用。会话是协作过程中不可缺少的环节,学习小组成员之间必须通过会话商讨如何完成规定的学习任务或计划。意义建构是整个学习过程的最终目标,所要建构的意义是指事物的性质、规律及事物之间的内在联系。在学习过程中帮助学生建构意义,就是要帮助学生对当前学习内容所反映的事物的性质、规律及该事物与其他事物之间的内在联系达到较深刻的理解。这种理解在大脑中的长期存储形式就是"图式",也就是关于当前所学内容的认知结构。获得知识的多少取决于学习者根据自身经验去建构有关知识的意义的能力,而不取决于学习者背诵教师讲授内容的能力。

对于学习,建构主义有着鲜明的区别于其他学习理论的观点。

第一,学习是学习者主动建构内部心理表征的过程,它不仅包括结构性的知识，而且包括大量非结构性的经验背景。维特洛克提出的学生学习的生成过程模式较好地说明了这种建构过程。他认为在学习过程中，人脑并不是被动地学习和记录输入的信息，而是主动地建构对信息的解释，学习者以短时记忆的内容和已有的经验相结合，需要借助于存储在长时记忆中的事件和信息加工策略。当今的建构主义者更多地强调在具体情境中形成非正式的经验背景的作用即非结构性的经验背景。

第二，学习过程同时包含两方面的建构。建构一方面是对新信息的意义的构建，同时又包含对原有经验的改造和重组。

第三，学习者以自己的方式建构对事物的理解，从而不同人看到的是事物的不同方面，不存在唯一标准的理解。虽然事物是客观存在的，但事物的意义并非独立于我们而存在的，而是源于我们的建构，每个人都以自己的方式理解事物的某些方面，教学必须增进学习者之间的合作，使他们看到那些与他们不同的观点，从而全面地建构事物的意义。

建构主义的教学原则主要有认知灵活性理论及其随机通达教学、自上而下的教学设计及知识结构的网络概念、情境性教学、支架式教学、教学中的社会性相互作用。

认知灵活性理论是建构主义的一个分支，它主张必须提供建构理解所需的基础知识，同时又要留给学生广阔的建构空间，让他们针对具体化情境采用适当的策略。

结构不良领域有以下两个特点：

第一，知识应用的每个实例中，都包含着许多应用广泛的概念相互作用；

第二，同类的各个具体实例之间所涉及的概念及其相互作用的模式有很大的差异。

乔纳生提出了知识获得的三个阶段，如图1-1所示。

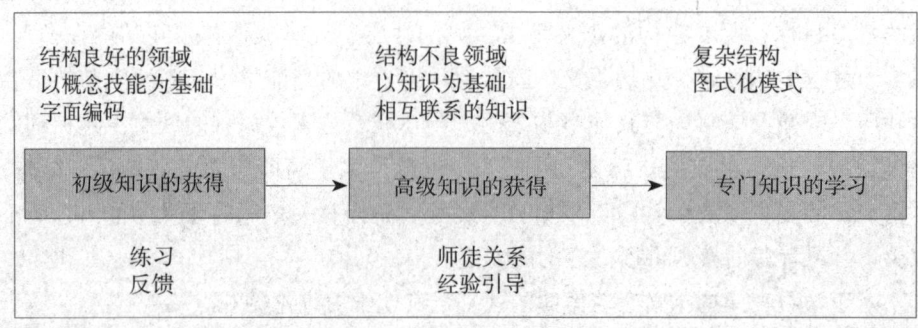

图1-1　知识获得的三个阶段

由图 1-1 可见，在初级阶段，学生往往还缺少可以直接迁移的关于某领域的知识，这时的理解多靠简单的字面编码。在教学中，此阶段所涉及的主要是结构良好的问题，其中包括大量通过练习和反馈而熟练掌握知识的活动过程。在高级知识获得阶段，开始涉及大量结构不良领域的问题，这时的教学主要以对知识的理解为基础，通过师徒式的引导而进行的。学习者要解决具体领域的情境性问题，必须掌握高级的知识。在专门知识学习阶段，所涉及的问题则更加复杂，这时，学习者已有大量的图式化模式，而且其间已建立了丰富的联系，因而可以灵活地对问题进行表征。斯皮罗等人根据对高级学习的基本认识提出了"随机通达教学"。随机通达教学认为，对同一内容的学习要在不同时间多次进行，每次的情境都是经过改组的，而且目的不同，分别着眼于问题的不同侧面。每个概念的教学都要涵盖充分的实例，分别用于说明不同方面的含义，而且各实例都可能同时涉及其他概念。在这种学习中，学习者可以形成对概念的多角度理解，并与具体情境联系起来，形成背景性经验。这种教学有利于学习者针对情景建构用于指引问题解决的图式。

建构主义者批判传统的自下而上的教学设计，认为它是使教学过于简单化的根源，他们在教学进程的设计上遵循相反的路线。

1. 自上而下地开展教学过程

即首先呈现整体性的任务，让学生尝试进行问题的解决，在此过程中，学生要自己发现完成整体任务所需首先完成的任务，以及完成各级任务所需的各种知识技能。

2. 知识结构的网络概念

布洛非的研究指出，在教和学的活动中，不必组成严格的直线层级，因为知识是由围绕着关键概念的网络结构所组成的，它包括事实、概念、概括化及有关的价值、意向、过程知识、条件知识等。

建构主义批评传统教学使学习去情境化的做法，提倡情境性教学。首先，这种教学应使学习在与现实情境类似的情境中发生，以解决学生在现实生活中遇到的问题为目的，学习的内容要选择真实的任务，而不能将学习内容做过于简单化的处理，使其远离现实的问题情境。其次，这种教学的过程与现实的问题解决过程相类似，所需要的工具往往隐含于情境当中。最后，情境性教学不需要独立于教学过程的测验，而是采用融合式测验，在学习中对具体问题的解决过程本身就反映了学习的效果，或者进行与学习过程一致的情境化评估。

维果斯基认为，认知高级心理机能，如对于注意的调节及符号思维等，在最初往往受外在文化的调节,而后才逐渐内化为学习者头脑中的心理工具。在支架式教学中,教师作为文化的代表引导着教学,使学生掌握和内化那些能使其从事更高认知活动的技能,这种掌握和内化是与其年龄和认知水平相一致的。但是,一旦他获得了这些技能,就可以更多地对学习进行自我调节。支架式教学包括以下环节:第一,搭脚手架,即围绕当前的学习主题,按"最近发展区"的要求建立概念框架;第二,进入情境,将学生引入一定的问题情境;第三,独立探索;第四,协作学习,进行小组协商讨论;第五,效果评价,对学习效果的评价包括学生个人的自我评价和学习小组对个人的学习评价。

建构主义者重视教学中教师与学生及学生与学生之间的社会性相互作用,合作学习、交互式教学在建构主义的教学中被广为采用。

建构主义体现在建构主义学习的框架内,教师鼓励学生自己发现原理。为了让学生们从信息的被动接收者变为积极的知识建构者,教师必须给他们提供环境来参与学习活动,提供适当的工具来运用知识。移动设备给教师提供了独特的机遇,让学习者进入真实的情境,使得具体情境下的信息传递成为可能。同时,移动设备的计算与信息管理功能,可以作为认知工具来支持、指引和扩充学习者的思维过程或心智模式,促进知识内化与问题解决。所以在移动学习中如何利用移动技术促进学习和知识建构是十分重要的。

移动环境下基于问题的学习是一种典型的移动构建型学习,其旨在通过提出不确定的问题来发展学生的批判性思维技巧。这种教学方式能够有助于促进问题解决能力的提升,使学生的学习得到深化、扩展,帮助学生打下灵活的知识基础,培养其解决实际问题、批判性思维和创造性思维的能力,发展合作能力与自主学习能力,这与知识经济社会对人才培养的新要求是完全一致的。英国利物浦约翰莫瑞斯大学的数字内容国际中心设计出一个对于乳腺癌病人利用掌上电脑进行教育的系统。它在病人的疗程中,根据病人病情的发展情况,通过互联网和无线网络将医疗或保健的多媒体学习信息传递到他们的掌上电脑上。病人在学习的过程中,可以利用无线网络向乳腺癌专家咨询专门的知识,从而获得有效的、可靠的信息,包括那些具体的、隐私的信息。用户还可以通过写日志的方式做私人笔记,这些笔记可以为医生的会诊提供参考信息。病人们可以通过 SMS 进行交流,分享知识和经验。

探究式学习模式可以利用移动技术来实施。一般都是由某个教育机构设立一些适合由特定的学生对象来解决的问题,通过移动网络向学生发布,要求学生解答，与此同时提供大量的、与问题相关的信息资源供学生在解决问题过程中进行查阅。另外，还有专家负责对学生学习过程中的疑难问题提供帮助。移动探究学习模式有四个基本要素：情景问题、主题资源、情动提示和问题反馈。将这四个要素组织和衔接好，便能在移动技术背景下，达到良好的教学效果。实施这种教学模式要注意的一点就是，应防止学生产生过强的挫折感，因此要有比较敏感的反馈系统，通过移动信息及时给予学生帮助。中国"台湾中央大学"设计了一个可支持小学探究式自然实验课程的移动学习环境，以 PDA 为移动学习装置，并搭配无线网络学习环境，可同时支持教室内及户外的教学活动，并兼顾支持实验设计、资料收集及分析讨论等一系列完整的自然实验课程，整个系统包括"自然试验站"和"PDA 自然实验系统"两个部分。"自然试验站"支持完整的小学探究式自然科学实验课程的实验设计、收集数据、图表分析、实验报告及评价等阶段；"PDA 自然实验系统"提供在户外实验操作时的相关支持，如收集数据及图表分析。活动是基于移动设备进行的，学生可以通过无线网络获得信息和任务，并且通过实际观察确认"自然试验站"附在物的种类、叶子、茎干、果实和花朵，即将客观现实与虚拟现实进行对照。"PDA 自然实验系统"除了支持网络环境外，也可以支持离线环境时的资料收集与分析，因此在进行实验时，校园内并不需要特别搭建无线网络。实验过程中，学生能够立即透过 PDA 的红外线对传功能与同伴进行交流互动，等回到教室有网络的环境，可以将实验记录上传到服务器，与自然实验站共同运作。

（四）非正式学习理论

非正式学习是一种非正规的学习，获取知识主要源于直接的交互活动及来自他人或教师的丰富的暗示信息，这些暗示信息远远超出了明确教授的内容。非正式学习主要是指从做中学、玩中学、游戏中学。斯坦福大学校长约翰·斯通在"2010 年北京中外大学校长论坛"上接受媒体采访时指出：学生在大学期间获得的知识与技能是从伙伴或同学那里学到的，而不是从课堂或教授那里学到的。从这个意义上讲，现代大学制度的成功在于将年龄相仿的一群人聚集在一起，为其相互充分学习与交流提供机会，而不仅仅是教师的课堂讲授。非正式学习强调学习的泛在性，认为人际通信交流的本质就是学习。

学习既具有个性特点如思考、阅读等，也具有社会性特点如听讲座、讨论等。现代社会中，大多数人倾向于主要通过讲座、讨论和社会交往等社会性学习活动来获取知识。非正式学习理论为移动学习提供了理论依据，移动学习本身就是一种随意的、自由的非正规学习，与非正式学习的特点不谋而合。在进行移动学习设计时，根据非正式学习的特点，为学习者创设协作交流的环境，并鼓励他们参与讨论交流，达到获取知识的目的。

当前，非正式学习所获得的知识总量超过人们知识总量的75%。可以通过如下途径来分析生活中的非正式学习：与伙伴一起罗列组织内部中现有的非正式活动；用正式的方式来征询大家都是如何与伙伴们非正式交换知识的；支持非正式实践团体活动；尝试在对话或其他活动中学习知识。

研究表明，非正式学习广泛地存在着，它满足了大部分学习需要——达到个体在工作中学习需要的70%左右。非正式学习与实践的需要密切相关，能使人获得很多能够立即应用到实践当中去的知识和技能，其在如何胜任工作方面发挥着关键性的作用，并且收到明显的经济效益。更有学者认为，正式学习通过80%的付出只得到了20%的产出，而非正式学习成为学习的重要部分。非正式学习的学习目的可以是不确定的，根据学习目的是否确定和在学习过程中是否察觉到自己的学习，可以将非正式学习划分为三种形式，如表1-1所示。

表1-1 非正式学习的分类

分类	学习目的是否确定	学习过程中是否意识到学习的发生
自主学习 Self-directed Learning	是	是
偶然学习 Incidental Learning	否	是
社会化学习 Social Learning	否	否

自主学习的学习目的是确定的，在学习过程中能意识到自己在学习，如课外学习外语、阅读专业短文等。偶然学习事先是无意的，但在学习过程中意识到了学习的发生，如在聊天、浏览新闻的过程中学到了意想不到的知识。社会化学习的目的事先不确定，在学习的当时也意识不到学习的发生，过了很长时间才意识到自己的学习结果，如两位舞蹈演员经过合练不断形成默契。

正式学习和非正式学习的界限并没有严格的区分，而是过渡性的。非正式学习不是技术或者认识，而是一种理念、一种状态。如：课堂教学是比较典型的正式学习;户外学习通常在非正式学习场合发生,但有教师的组织和调控,也可以看作是正式学习或正式学习在非正式学习场合的延续;个人在博物馆中的学习通常具有非正式性,但是有教师指导和设计的博物馆学习活动也具有正式性;个人利用自己的零散时间使用移动设备进行的移动学习是比较典型的非正式学习。不过,非正式学习相对于正式学习而言,对学习者的主动能力、学习应变能力、知识管理能力、个人人际品质要求和感情能力提出了更高的要求。

非正式学习理论为移动学习的可行性提供了理论依据。学习既具有个体特点(思考、阅读等),也具有社会性特点(听讲座、讨论等)。基于阅读和思考等个体性学习活动所获得的知识深刻且带有一定的倾向性(个人感兴趣的),但花费时间较多,需要一定的毅力;而基于听讲座、讨论和社会交往等社会性学习活动所获得的知识广泛而不深入,但花费时间较少,不需要太大的毅力。因此,在进行移动学习设计时,根据非正式学习的特点,为学习者创造协作交流的环境,并鼓励他们参与讨论交流,以达到获取知识的目的。

在非正式学习中,学习者利用 UMPC 可以随时随地存取内容与信息,通过电子邮件、即时消息、聊天或博客等手段相互沟通,在旅途中以视频、游戏、音乐、图片或者电视自娱,通过监控办公应用程序和工具提高工作和学习效率等。在非正式学习中,学习者可以利用 PDA 上自带或安装的程序,如移动概念图软件、记事本工具等记录学习心得;通过无线网络访问局域网中的学习资源,上传或下载学习资料;在集成外部信息获取设备和相应软件的基础上,进行问题探究、情景模拟等不同形式的非正式学习活动。智能手机在通信能力上优于掌上电脑,更适合灵活多样的非正式学习,随着技术的日趋完善和价格的下降,智能手机将是一种相对普遍的移动学习终端设备。

(五)情境认知与学习理论

情境学习(Situated Learning)是由美国加利福尼亚大学伯克利分校的 Lave 教授和独立研究者 Wenger 于 1990 年前后提出的一种学习方式。较早针对情境学习进行阐述的是 Resniek,她 1987 年在美国协会的就职演讲中发表了"学校内外的学习"演说,她认为,学生所处的学校情境是有一定目的、计划和意义的,其主要强调学习者的个体学习。而在日常生活中,人们则更偏重于使用工具去解决问题,常常运用情境化推理,强调学习的偶然性。她的分析推动了以情境理论为重点的参与式观点的发展,所以她的演说及相关论著在情境认知与学习的研究中具有里程碑的作用。在 Resniek 提出以上观点不久,1989 年 Brown Collins 和

基于移动学习系统的大学英语教学研究

Duguid 在《教育研究者》杂志上发表了他们著名的论文《情境认知与学习文化》(*Situated Cognition and Culture of Learning*)。该论文比较系统、完整地阐述了情境认知与学习理论。他们认为：知识正是在活动中、在其丰富的情境中、在文化中不断被运用和发展着。学习的知识、思考和情境是相互紧密联系的，知与行是相互的，知识是处在情境中并且在活动、行为中得到进步与发展的。文中的观点被后来的研究者们频繁引用，使之成为情境认知与学习理论研究领域中的开创与指导性之作。Jean Lave 从人类学的视角对情境认知与学习进行研究，1991 年出版了她最具有代表性的名著《情境学习：合法的边缘性参与》。在她的论著中，Lave 从对"认知学徒模式"的反思中，在对利比亚的瓦伊和戈拉两地的裁缝手工学徒的调查研究中认识到"隐性知识"在学习中的重要性，从而提出了情境学习理论研究中的著名论断——"情境学习：合法的边缘性参与"，从而使对这一理论的研究得到了拓展与提升。

20 世纪 90 年代以来，情境认知与学习理论依赖其深刻广泛的理论基础，超越了传统的、基于心理学的情境观，并善于从人类学、批判理论、生态学与政治学等相关学科的研究中反思自身的发展，进而成为学习理论领域研究的主流。教育心理学的情境认知理论与人类学的情境学习理论虽然采用不同的术语进行表述，但是都认为，学习是学习者基于一定的社会文化情境，在与学习环境的互动中进行自我建构意义、自我建构身份的活动。情境认知与学习理论将学习者隐喻为"认知学徒"，重视隐性知识的学习，强调通过"活动感知"为学生建构学习模式，搭建抛锚式学习的支架，发展学生的自信心。情境认知与学习理论强调外部学习环境对于学习的重要意义。对于自然科学知识的学习，他们主张学生走进大自然，进行野外考察；对于社会科学知识的学习，他们主张学生走进社会当中，进行调查研究与访谈。但是，一方面，野外考察、调查研究与访谈等学习活动难以组织，并且成本较高，在一般的学校教育尤其是基础教育中开展得较少；另一方面，在学生走进大自然或社会进行野外考察、调查研究与访谈等学习活动时，知识的吸取变得困难，这大大影响了野外考察、调查研究与访谈等学习活动的质量。现在，移动通信技术使得随时随地获取任何知识成为可能，这将极大地提高野外考察、调查研究与访谈等学习活动的质量。因此，移动学习为情境认知与学习理论提供了技术支持，情境认知与学习理论则为移动学习提供了理论基础。

情境认知是一种关于知识获取的普遍理论，认为学习发生在活动行为的境脉中。情境认知强调将知识视为工具，并试图通过实践中的活动和社会性互动促进学生的文化适应。知识是基于社会情境的一种活动，而不是一个抽象具体的对象；知识是个体与环境交互过程中构建的一种交互状态；知识是一种人类协调一系列行为去适应动态变化发展的环境的能力。

情境认知与学习理论强调外部学习环境对于学习的重要意义，认为只有当学生被镶嵌在运用该知识的情境中时，有意义的学习才有可能发生。因此，在教学中要提供真实或逼真的情境与活动，以反映知识在真实生活中的应用方式，为理解和经验的互动创造机会。提供接近专家及对其工作过程进行观察与模拟的机会，在学习的关键时刻应为学习者提供必要的指导与搭建"脚手架"，重视隐性知识的学习，为学生构建学习模式，搭建抛锚式学习的支架，增强学生的自信心。

综述这些教育家的观点，可以概括出情境认知与学习理论的主要观点。

1. 知识具有情境性，学习者需要在情境中获得和应用知识

传统看法认为知识只能通过正式的课堂学习、教师的传授才可以获得，而事实上，知识普遍存在于学习者日常生活中的各个角落，如我们周围的社交圈、网络资源、社会环境等，都蕴含着丰富的知识。知识无法从环境中独立出来，任何知识都和环境相关，是人与环境交互作用的产物。人们进行学习的整个过程，是与整个环境之间的互动，简单地从书本中获取概念往往达不到预期的学习效果。如果一定要把知识与实践视为两个独立的部分，也就是将学习知识及使用知识分离开来，把知识独立于情境之外，那么就会产生惰性知识，而并不是对生活、生产、社会进步有用的健全的知识。在传统的课堂教学中，学生从教师那里学习各种抽象的算法、理论、规则及其他脱离情境的知识，由于这些知识的获得脱离了相应的使用情境，最终导致学习者常常无法在实际生活中使用。这样必然造成没有很好地达到获得知识的最终目的，即指导人们生产、生活实践。情境学习主张在情境中学习知识，并且将知识视作生产、生活实践的工具，将学习知识的过程与情境相结合。

2. 学习者最好在真实活动和文化背景中学习

知识除了有情境的特性之外，还具备通过真实活动得到发展，通过使用进而逐步被掌握的特性。真实活动可以简单定义为日常的文化实践，强调符合现实生活中的真实情境，而非校园里形成的封闭环境。在学校的封闭环境中，学习者往往在人为创造的活动中进行学习，却无法将所学的知识转化为校门外真实世界中应用的知识，以至于学习者掌握了许多不能转化为实践的理论知识。

除了活动以外，学习还需要具有相应的文化背景，也就是知识的获得需要具备适应社会已存在的文化类型。由于这种文化适应的隐蔽性、复杂性和客观存在性，人们往往忽略了这样一个事实：人们所熟悉的一切都不是外部教学的结果，而是周围环境文化的产物。学习者在学习、交流、合作、参与社会活动的过程中都会受到所处的社会群体的影响，不断改变、调整原有的看法和行为。其本质就是学习者在真实的活动情境中参与到社会的文化背景中，逐步形成新的看待世界的方式和解决问题的能力，从而使学习真正有利于学生对某一特定共同体文化的适应。

3. 通过写作与互动学习效果更佳

情境学习鼓励通过小组、团体的方式来进行学习。在团体中，学习者可以和专家、同伴或者其他人进行互动，并且只有通过协作式的社会互动，才能最大程度地发挥情境学习的作用。这与传统的教学形式有本质上的区别。传统的教学形式大部分都是教师的教授式，而教师的内容也过分依赖于教科书上静态的、同化的文字和图片信息，这是一种抽象的、单调的知识传授方式，这种方式无法使学习者追求具体意义、多元思考的认知特性，结果就会造成学习者对知识的简单记忆，而对知识的产生、应用缺乏深刻的了解和掌握。在强调协作的情境学习的过程中，多个学习者在合作过程中可能会对同一知识有不同的理解，他们之间要进行交流和争论，由此引发的认知冲突有助于加深对知识的深层理解，并且小组协作、交互学习可以将单个学习者独自难以完成的任务进行分派，将认知负担分散到各个学习者的身上，通过多人的共同努力，完成学习任务，达到学习的目的。

随着学习理论从行为主义范式到认知主义范式，再到建构主义范式的不断发展，人们对学习的认识逐渐从单纯的信息加工、知识传递向情境学习转变。在情境认知与学习理论的支持下，移动终端给我们提供了很好的机遇，学习者可以携带移动终端进入真实的问题情境或工作情境中进行非正式学习。在基于移动终端的学习中，移动终端由传统的内容传递和信息反馈工具转化为学习者知识建构的工具。它协助学习者在特定的情境下进行意义建构，引导和扩充学习者的思维过程，改善学习者的心智模式，并最终促进知识的内化与问题的解决。

情境感知主要依据情境提供信息或服务，这些信息或服务与使用者当前的任务相关。目前，移动通信技术的迅速发展使随时随地获取任何知识成为可能，这将极大提高学习活动的质量。因此，移动学习为情境认知与学习理论提供了技术支持，情境认知与学习理论则为移动学习提供了理论基础。在移动学习系统设计时，应当多为学习者提供真实情境的学习环境，让学习者将学习与现实生活结合起来，以提高他们的知识迁移和解决实际问题的能力。

（六）境脉学习理论

境脉涉及生理、心理、认知、语言、社会、文化等方方面面。"境脉"用通俗的话来说就是"学习环境"+"学情"，或者干脆叫"学情分析"（"学"既包括学习环境，也包括学习对象）。美国的安妮德对境脉信息的定义为：境脉是能够表现一个实体状态的一切信息。这个实体可以是一个用户、一个位置或者任何一个与系统联系的对象，这些信息包括环境境脉、用户境脉和计算境脉。环境境脉包括传感器的 ID 和位置，环境的声音分贝值、亮度、温度、湿度、天气等，以及对接近传感器的物体的判定信息。用户境脉包括学习者当前所处的位置，学习行为（如拍照、记录等），到达某处的时间、体温、心跳、血压、操作习惯、个人爱好、预先的学习计划、学习的起止时间、学习路径或课程序列、学习者与设备之间的交互情况、学习者与他人的交互情况、学习绩效和个性化需求等。计算境脉包括 CPU 占用率、网络宽带、终端屏幕大小、Web 服务的性能等。首先，"境脉"这一概念具有主体指向性、整合性与动态性。主体指向性是指"境脉"总是与其主体相关，或者总是围绕某一主体来讨论其相关信息。整合性是指一旦确定了主体，"境脉"总是力求全面捕捉与主体相关的信息。动态性则是指面向主体的各种境脉信息之间互为关联、相互作用，总是处于动态发展过程中。其次，研究"境脉"包括三个相互关联的环节，一是明确"境脉"主体，二是挖掘与该主体相关的信息，三是根据主体需求及相关信息提供相应的应用服务。

境脉学习理论认为，学习者自身原有的记忆、经验、动机和反应构成一个完整的内部世界，学习者在处理新的信息或知识时，与其内部世界发生意义，这便是学习。境脉学习理论假定，大脑本能地在境脉中搜寻意义，即在学习者所处的环境中搜寻所处理的新信息或新知识与其内部世界之间发生意义或看似有用的关系。境脉学习理论强调学习者内部世界对于学习的重要性，重视对学习者现有的知识结构、学习动机、学习兴趣的分析。如果说情境认知与学习理论所强调的学习者社会文化情境是一种外部学习环境的话，那么境脉学习理论所强调的学习者自身原有的记忆、经验、动机和反应则是一种内部学习环境。

境脉学习理论强调对学习者知识结构、学习动机、学习兴趣和学习习惯分析的重要性。在传统的学校教育中，学习者和教师能显著地认识到学习者在学习动机、学习兴趣和学习环境方面表现的差异性，但对于学习者在知识结构和学习习惯等方面的差异性则重视不够。

很多人阅读过一些书籍，但是能记录下自己所阅读过的书籍名称的人却很少。经常记录下自己或学生阅读过的书籍名称并进行分析，从而获取关于自己或学生知识结构和阅读习惯的学生和教师则寥寥无几。而在网络学习和移动学习等数字化学习中，能很方便地记录学生所访问过的学习网站、阅读过的学习内容，从而适时地分析和总结出学习者的知识结构与学习习惯，并适时地为学习者给出提示。因此，网络学习与移动学习为境脉学习理论在教学中的应用提供技术基础，而境脉学习理论为移动学习的开展提供理论基础。

在课堂外，学习者使用移动设备与环境进行交互，系统利用境脉信息为学生提供适应性服务，支持学习者的情境性学习和协作性学习，同时将境脉信息通过无线信息传送给服务器并进行存储。移动技术利用境脉感知为学习者提供最恰当的内容与服务，适应性服务的实现分为境脉感知、适应性内容传递和编码变化三个步骤系统。通过境脉感知，获取学习者的位置、学习时间、网络性能、环境情况、移动设备的内存、屏幕尺寸等相关信息，从而进行分析得出结论，选择出最适合学习者的学习内容。这些学习内容可能包含文本、图片、视频、音频和动画等多种媒体格式，而由于移动设备具有小体积、便携性等特殊性能，要针对不同的移动学习设备对这些被选择的学习内容进行编码转换，将不适合传递的内容进行媒体格式转换来适应用户的移动设备。最后，系统通过适应性标记语言将转换后的内容与其他内容一起传递给学习者。

小学自然科学课程中的识别植物单元，系统利用RFID（无线射频识别技术）传感器和无线网络来为学习者提供情境学习。环境中的每个目标植物都配有RFID标签，记录此植物的一些特征数据。每个学习者都配置内置RFID阅读器的PDA（个人数字助理）。当学习者靠近某一植物时，PDA中的RFID阅读器可以从植物上的RFID标签中读出相关数据，通过RFID来感知计算场景中与交互任务相关的境脉能实现交互的隐式化，从而让计算终端和日常物体具有人与自然和谐交互的能力。

（七）经验学习理论

大卫·库伯在总结了约翰·杜威、库尔特·勒温和皮亚杰经验学习模式的基础上提出了自己的经验学习模式，即经验学习理论。经验学习是指"改造经验产生知识的过程""强调经验在学习过程中所发挥的中心作用"，这个定义强调学习过程中的四个重要方面：

第一，强调适应和学习的过程，而不是内容和结果。

第二，知识是持续地构成与再构成的改造过程，不是独立实体的获得和传递过程。

第三，学习是改造主观形态的经验和客观形态的经验的过程。

第四，要理解学习必须理解知识的性质，理解知识的性质必须理解学习，二者密不可分。

库伯的经验学习理论认为，学习中的自主性就是独立和相互依赖，并提出学习的四步骤循环观点。他认为，学习是由抽象概念（Abstract Conceptualization）、活动实验（Active Experimentation）、具体经验（Concrete Experience）和反思观察（Reflective Observation）四个阶段构成的循环往复的过程。雷斯进一步把库伯的四步骤简化为"思考、活动、反思、程解"。抽象概念是学习者必须达到能理解所观察的内容并且吸收它们使之成为合乎逻辑的概念。活动实验阶段，学习者要验证这些概念并将它们运用到制定策略、解决问题中去。具体经验是让学习者完全投入一种新的体验。反思观察是学习者在停下的时候对已经历的体验加以思考，学习的起点或知识的获取首先来自人们的经验，这种经验可以是直接经验，即人们通过做某事获得某种感知，或借用哲学的术语说，就是"对世界图景的第一次粗略地把持"。当然这种也可以是间接经验，因为人们不可能在有限的生命周期内将世界的每一件事都经历一次。有了"经验"，学习的下一步逻辑过程便是对已获经验进行"反思"（Reflection），即人们对经验过程中的"知识碎片"进行回忆、清理、整合、分享等，把有限的经验进行归类、条理化和拷贝。然后，有一定理论知识背景和一定理论概括能力的人便会对反思的结果从理论上进行系统化和理论化总结，这个过程便进入了学习的第三阶段——"理论化"（Theorization）。如果说前面两个阶段是知识获取的充分条件，那么，这个阶段的学习对于知识的获取则是充分必要条件。库伯认为："知识的获取源于对经验的升华和理论化。"理论化阶段，学习者要做的工作有很多，包括要将过去的分析框架即类似于某种"应用程序"从大脑"存储器"中暂时"打开"，对反思的结论即相关文本进行处理，得到人们希望得到的结果。学习圈的最后一个阶段是"行动"阶段，可以说，它是对已获取知识的应用和巩固阶段，是检验学习者是否真正"学以致用"，或者是否达到学习的效果。如果从行动中发现了新的问题，则学习循环又有了新的起点，意味着新一轮的学习圈又开始运动。

经验学习有以下几个特点：

第一，学习是一个过程而不是结果。库伯认为，知识是经验的构成与再构成，是动态变化的。

第二，学习是以经验为基础的连续过程。知识来自经验，并在经验中接受检验，所有的学习都是一种经验，而经验是连续的，因此，学习也是连续的过程，并且是以经验为基础的连续的过程。

第三，学习过程是适应环境的不同模式之间矛盾解决的过程。

第四，学习是一个适应环境的有机过程。把学习看成是人类适应环境的有机过程，学习这个概念就跨越了时间和空间的限制，它发生在人类生活的各个场所，并贯穿人的一生。

第五，学习是个人与环境互动的过程。

第六，学习是知识生产的过程。知识是社会知识和个人知识相互作用的结果，前者是人类文化经验的积累，具有客观性；后者是个人生活经验的积累，具有主观性。"主观经验和客观经验相互交流的过程就是学习的过程"。

经验学习理论强调抽象思考、实践活动、形成经验与反思观察的重要性，并指出四个部分相互螺旋式上升是有效学习的基本特征。在抽象思考与实践活动中，需要大量的知识与信息做基础，否则，思考将变成胡思乱想，实践也会成为一种脱离了知识与科学的蛮干。

经验学习理论强调学习知识内容的连续性，将经验放在重要的位置，包括直接经验和间接经验。人们通过亲自实践获得的知识直观且深刻，有利于指导人们的生产与生活，而通过书本、互联网、人际交往等渠道获得的间接经验则抽象、晦涩，但也是人们进行正常社会活动的重要组成部分。基于经验主义进行移动学习的设计时，要注重对学习者不同经验的区别对待与分析，并且要通过多种合适的渠道对经验进行构建。

经验主义主张学习是一个连续、螺旋式循环反复的过程，是永无止境的过程。学习者对头脑中已有的经验不断地进行整理、分析、归类、重组，构成自己所能理解的系统。在实际应用过程中，学习者将经验付诸行动，一方面是对经验知识的巩固，另一方面也会产生与原有的经验不相符合的问题。此时，学习者并不能利用以往的经验解释所遇到的一些问题，于是学习者又要进行思考、活动、反思和理解。基于此，移动学习在设计学习活动时，应从问题的多方面入手，随机进入，并且有相应的辅助练习、变式练习、知识点归纳总结。经验主义还强调学习是主体与环境相互作用的过程，移动学习在板块设计时应为学习者提供经验交流共享的平台。

利用移动学习技术，在抽象与实践活动过程中方便、及时地获取所需的知识与信息，将极大地调动学习者的学习积极性，提高学习效果。

（八）活动理论

活动理论源于康德和黑格尔的古典哲学、马克思的辩证唯物主义和维果斯基、列昂捷夫、鲁利亚等苏联心理学家的社会文化和社会历史的传统。活动理论不是方法论，它是研究作为发展过程的不同形式人类实践的哲学框架，同时包括相互联系的个体层面与社会层面。人类与环境客体之间的关系由文化内涵、工具和符号中介联系着。它的定义可以概括为：活动理论是"一个研究不同形式人类活动的哲学和跨学科理论框架"。它是一个社会文化分析的模式（实际上所有人类活动都处于由人和动物组成的社会大系统中），一个社会历史分析的模式（实际上所有人类活动都在与时俱进且分布在个人及人们的文化中）。中介活动理论关注行动者和其文化工具，文化工具是活动的中介。

活动理论的前驱鲁宾斯坦认为，人类的心理是在实践活动中形成的，因此，必须从活动的基本形态（劳动、学习、游戏）中研究这种现象。活动理论关注的不是知识状态，而是人们参与的活动、他们在活动中使用的工具的本质、活动中合作者的社会关系和情境化的关系、活动的目的和意图及活动的客体或结果。活动理论的关键概念就是"活动"与"沟通"，如何设计活动及如何在活动中促进沟通，这是活动理论的核心内容。活动学习（Action Learning）是指在实践活动中的学习，即以问题为中心组成学习团队，在外部专家与团队成员之间的相互帮助下，通过主动学习、不断质疑、分享经验，使问题得到解决。活动理论认为，自觉的学习和活动是完全相互作用和彼此依赖的（人们不可能不假思索地行动，也不可能有缺乏行动的思索）。学习不是传输的过程，也不是接受的过程。学习需要有意图的、积极的、自觉的、建构的实践，包括互动的意图、行动、反思活动。活动理论中分析的基本单位是活动。

人类活动是一个复杂的进化过程。在进化的过程中，物种通过适应并建构而进行裂变，形成了活动系统中的诸要素。人类文明演变的进展，以一种特定的形式，要求过去单独的裂变和形成的中介成为统一化的决定因素。

活动理论认为，人类是作为与环境互动的一个特殊的要素而产生和存在的，所以活动（感觉的、心理的、身体的）和有意识的加工（学习）是不可分割的。

有意识的意义形成是由活动促成的。个体的所知是基于有意识的意义形成和活动的互动。活动理论认为，学和做是不可分割的，它们都是由意图启动，意图指向活动客体。工具中介改变了人类活动的性质，工具被内化后，还能影响人的心理发展。活动是一种历史发展的现象，活动总是在文化中演进。

活动理论有五大原则，分别是以目标为导向、具有层级结构、内化和外化结合、具有工具中介和发展原则。以目标为导向是指活动是指向目标的，无论采用什么样的活动形式和什么样的活动过程，其目标是一定的。活动理论具有层级的结构形式，列昂捷夫认为活动存在三个等级：活动、行动和操作。内化和外化是指活动对人的影响的两个方面。内化是将活动中的知识、技能、理论等内化到人的头脑之中，是学习者对外在世界认识的改变；外化则是因内化而改变学习者行为，改变学习者行为方式的表现。活动理论需要工具中介的介入。活动理论使用大量的工具，有基于人类文化的，如符号、语言等，也有物理的活动工具，如机器、自然环境等。这些工具是活动理论的基础。

活动理论中关键的一点是，内在和外在是融合的、统一的。活动理论的内在在于理论本身的精神，是教学设计中灵魂之所在，而其外在的表现形式，是活动形式设计的表现。网络的发展、硬件技术的成熟，已使网络的优势不断显现，新时代的教育已向个性化、终身化方向延伸，将活动理论的灵魂与移动技术结合起来必将为教育带来一阵清新之风。

活动学习的效果主要取决于问题的界定、活动的设计与组织以及学习团队成员之间的分工协作。但是，在学习活动进行中，学习者能否随时随地方便地获取需要的知识与信息，是活动学习能否成功的关键因素。以移动学习技术为支撑开展活动学习往往能充分发挥活动学习的优势，优化活动学习的效果。因而，移动学习为活动学习的开展提供了技术基础，可以让学习者充分发挥活动学习的优势，优化活动学习的效果。同时，在移动学习系统中，关于活动的设计也是应该考虑的问题。

活动理论提供了一个研究使用移动技术中介的学习活动框架，能用来较好地理解移动学习的活动和目标，能够解释移动学习情境中不同要素之间的关系，能够把握住影响移动学习活动中的关键要素。活动理论同样提供学习活动中的历史观，诠释移动学习活动的连续性，导向不同情境中的共同目标。在此基础上，其强调情境和移动学习活动的关系，有助于理解移动学习情境的特性和要素、学习活动发生的环境、学习活动中个体与移动技术、社会群体的关系。运用活动理论设计移动学习活动的思想是：通过某种移动学习设备中介，分析移动学习活动的角色和规则、共同体和劳动力分工，考察蕴含在移动学习活动中的物理和社会情境化，分析学习过程和结果的不同视角，关注学习者参与的活动及所获得的进展。移动技术不应被理解为学习的客体，而是作为一种搭建解释学习者经验、深化理解、发展对话、互动观点和建立更有效的学习环境的活动网络的工具，从而促进学习者的学习活动。

活动理论视域的移动学习活动设计原则主要有：突现异动技术的中介性；持续保持移动学习目标的感知性；强调移动学习活动的转换性；促进移动学习的双重结构性；保障移动学习活动结构的完整性；关注移动学习活动的情境性。

第二节 移动学习的研究现状及成果

移动学习在远程网络教学的基础上，通过有效结合移动通信技术带给学习者随时随地学习的全新感受。因此，移动学习被认为是一种全新的教育模式，或者说是未来远程教育模式中不可缺少的一种教育模式。

一、移动学习的主要研究领域

目前，国内外关于移动学习的研究主要集中在以下几大领域：

（一）移动学习的可行性研究

该研究从认知和教学的角度出发，探讨移动设备应用于实际教学和学习的可行性，包括移动设备辅助学习的有效性和在何种学习情境中使用移动设备更为有效两个方面。目前，该研究还没有一致可行的结果。一些研究结果表明，新技术使学习者表现出极大的好奇心和兴奋感，在新技术辅助下，学习者的学习效果得到了明显提高。也有研究表明，学习者的兴趣只是暂时的，一些学习者不仅不能合理有效地使用移动设备，有时甚至影响了正常的教学秩序。但学者们普遍认为，移动教育只是目前教育形式的一种扩展，并不能替代现有的教育，也不是所有的教学活动都适合使用移动设备。

（二）移动学习资源的开发

移动学习资源的开发是在创建必要的移动学习硬件环境的基础上，进行课程模块、服务和产品的开发、测试和评价以及适用于移动设备的学习工具和应用程序的开发，以满足不同的学习需求。该项目已经取得了一定的进展，但还没有得到普遍应用。

（三）短信息服务

这是尝试利用移动通信中的短信息服务于教学和学习活动的一种形式。研究中所建立的短信息系统并不应用于直接的教学过程，而是针对教学活动的管理和控制。研究表明，短信息服务可作为教育教学的一种有效的辅助手段，不仅可以用于教学活动的交互，也可以用于教学相关信息的发布。短信息服务的随时随地性使其得到了普遍认可。

（四）WAP教育站点的建设

WAP教育站点与普通WAP站点相比，不同之处在于WAP教育站点的应用目的是移动教育，其服务对象是具有一定针对性的移动学习者，其内容是经过精心设计、适合移动学习、符合情境教学理论的主题内容。目前，许多研究项目都建立了自己的WAP教育站点。

（五）作为终身学习、基于问题的学习和协作学习的有效辅助手段

移动学习是针对终身学习、基于问题的学习和协作学习的需求，尝试着把移动技术和设备作为相应的有效辅助手段，进而开发相应的移动学习资源和移动学习工具。

二、国外研究现状及成果

目前，移动学习在国外已广受关注，国外已经将移动学习作为未来网络学习的重点发展方向。国外的移动学习研究主要集中在欧洲和北美洲的部分经济发达国家，其研究时间较早，研究范围及内容也比较广泛、深入。移动学习从研究目的来分主要有两类：一类是由教育机构发起，它们立足于学校教育，力图通过新技术来改善教学和管理；另一类则是由移动学习提供商发起，他们力求借鉴数字学习的经验，把移动学习推向市场，更多地用于企业培训。下面我们简要介绍迄今为止几个比较具有代表性的项目。

（一）从数字学习到移动学习

国际远程教育专家戴斯蒙德·基更博士2000年主持了欧盟的达·芬奇研究计划中一个名为"从数字学习到移动学习"的项目，并出版著作《学习的未来：从数字学习到移动学习》（The Future of Learning: From E-learning to M-learning），详细介绍了该项目的研究成果。该项目由爱立信教育、挪威NKI远程教育机构、

德国开放大学、爱尔兰国际远程教育机构和罗马第三开放大学合作研究，旨在为移动技术设计一种虚拟的学习环境，并提出学习环境模型。

该项目实施的背景是：爱立信和诺基亚公司预测全球使用移动电话的数量将不断激增，欧洲的无线通信技术如蓝牙、WAP、GPRS 和 UMTS 已经得到了很大的发展，无线电话和无线通信的基础设备已经具备。

该项目的主要目的是：应用移动通信技术推进和加强职业教育与培训的改革；先解决欧洲信息通信技术方面的培训问题，因为在欧洲，具有信息通信技术基本素质的人员匮乏，已经导致了国家在国际上竞争力的下降，进行这样的培训可以在一定程度上解决就业问题，这是欧盟和欧洲各国政府的重心；开发真实的课程，对学生进行实际的教学。

该项目的成功之处在于解决了在 PDA 上开展移动学习所面临的一些问题。例如使用 5.5cm×7.6cm 的 PDA 显示屏，采用微软阅读软件，为学生设计一个舒适的环境。但该项目也表明，在智能移动电话和移动电话上开展移动学习还有许多问题没能得到有效解决。

（二）移动学习——下一代学习

该项目在某种意义上是第一个项目的延续。第一个项目的主要目的是选择和创造一个适合移动学习的环境，而本项目在第一个项目的基础上增加了技术的含量，因而在学习环境的提供方面要优于第一个项目。

在这些移动掌上数字设备的推动下将首次产生出一代具有技术能力，乐于花费大量时间上网和进行网络应用的人群。这个项目的目的就是运用这些新技术提供新的学习和培训方式，以满足新的"网虫"一代的学习需求。这个项目不仅开发出了新的适合学习的无线工具，而且有效地将现有的工具（如移动电话、PDA等）所具有的功能与互联网和提高教育与培训的乐趣紧密地结合起来。

为了满足这种需求，这个项目针对现有的移动掌上设备开发了移动学习教程并加以试用。针对所有这些掌上设备都是无线设备（如 PDA、智能电话和移动电话等）的特点，开发的这些课程要符合这些无线移动设备的使用特点，并与功能齐全的移动学习管理系统有机结合起来。在这个项目中，这些课程将被试用、评估并被推广。

（三）移动学习项目

该研究项目由英国学习与技能发展处（ISDA）及意大利、瑞典的一些大学和公司联合开展，自 2001 年 10 月 1 日开始至 2004 年 9 月 30 日完成，旨在开发一个原型产品,通过欧盟各国的许多年轻人已经拥有的便携移动设备来为其提供信息与学习内容。

该项目是为那些没有受过良好的教育,不能正确读和写,无法进行简单的运算,没有资格参加任何社会组织的培训,没有工作,甚至无家可归的16~24岁的年轻人开发和设计的。该项目的目标就是通过移动学习为这些年轻人提供粗浅的教育内容。该项目的基础包括一个学习管理系统、一个微电门户网站和通过网络或电视接入项目资源和接受服务的移动设备。学习的资源载体极少采用多媒体的方式,对于有功能障碍的学习者,本项目还开发了语音转文字和文字转语音的功能。为了支持学生进行合作学习,也开发了面对面的交互方式。该项目关注的是通过电话开展移动学习,而不是通过PDA开展移动学习。

(四) Mobilearn

欧盟的《数字化欧洲行动研究计划》(E-Europe Action Plan)中特别开展了一项名为"Mobilearn 行动"的移动学习专项研究计划,研究自2002年7月1日开始至2004年12月31日完成,参与合作研究的有来自欧洲的9个国家及非欧盟的美国、以色列、瑞士和澳大利亚。其主要研究目的如下:

第一,从理论上和实践上定义两个模式:在移动环境中开展有效学习、教学与辅导;为移动学习进行教学设计和数字学习内容开发。

第二,开发能够吸引世界各国应用者的移动学习体系。

第三,为在欧盟范围内的移动学习者开发一种商业模式并实施相关策略。

第四,能促使欧洲范围内对移动学习感兴趣的所有组织大规模使用该项目。

为了达到这些目标,项目的各项工作根据项目的执行周期被分成13个工作包,分给不同的大学和研究机构,进行深入研究。

该项目向MBA学生、需要最新医疗信息的学生或医生、博物馆的游览者提供移动学习体系和学习课件。现场学习包括混合学习(作为正式课程的一部分)、突发和特定场合学习(参观博物馆过程中)及学习解释医学信息并提出建议(根据日常需要获取医学信息),其高速连通性和强大的功能引起了学生浓厚的兴趣。

(五) 新加坡的 MobiSkoolz 项目

该项目于2001年在新加坡的一个中学启动,有40名学生和10名教师参与了此项目的研究。MobiSkoolz 项目利用已有的 Internet 平台,结合移动设备,改善教学环境,使学生可以在任何时候访问在线作业,进行在线测试或查看考试分数。教师则可以通过电子邮件将作业发送给学生，从而减轻了许多负担；学生也可以将完成的作业发送给教师。

（六）维也纳技术大学的 Pocket-WI 项目

2001年1月，维也纳技术大学新医学院主席介绍了 Pocket-WI 项目和 Avant-Go-channel。它包括三门课程，学生可以免费订阅其中的资源。其中，Avant-Go-channel 提供了微软阅读器的功能，这是欧盟第一个包含教育内容的频道，其内容可以很容易被教师更新。利用该频道，学习者可以下载某个站点，并可以离线阅读文档，因此，可以大大降低学习费用。

（七）美国卡内基梅隆大学的无线局域网 Andrew 实验

该项目开始于1994年，美国卡内基梅隆大学和 Lucent 技术有限公司合作建设了400个无线局域网的访问节点，以替代已有的校园网络并服务于1700个用户。2000年该网络升级到为所有的32个科研和管理大楼及一些关键的校外地区服务。随着网络用户密度的不断增加，每个学生都能够更为便利地连接宽带。

该项目被命名为"Handheld Andrew"，是通过无线网络连接 PDA 和笔记本设备来传递教学和其他信息的。该项目开发出移动教育中最常见的三种应用方式，即无线电子邮件、学历管理和事件通知。所有应用集中于员工和小组的交流。

（八）美国南达科他大学的掌上设备项目

该项目为南达科他大学法律和医学专业的学生配备了一个崭新的 PDA 设备作为管理和学习的工具，PDA 中安装了各种经济计算器、参考书、学术图书、课程管理器和文档管理器等。掌上电脑主要用来增加学生四个方面的学习经验：一是让学生进行时间管理、记录保存和小组工作；二是允许学生快速访问课题大纲、课程作业、参考资料和相关资料；三是允许学生通过 PDA 实现和教师的沟通，从而更好地与教师进行面对面交流，并可以上交电子版作业，共享注入网址、学术报告的概要和邀请等其他信息；四是通过掌上电脑的可移动性和广泛的应用性，为学习者提供一种机制和动机，以促进学习者利用移动技术进行学习。

（九）德国 Campus-Mobil 项目

Campus-Mobil 项目是柏林技术大学、柏林应用技术大学和柏林艺术大学三所高校共同开展的研究项目。该项目使用西门子公司免费提供的手机设备，承担较低的通信费用。项目参与者可以利用手机打电话或收发短信，并通过 GSM 或者 GPRS 进行 WAP 访问。该项目为学生提供了个性化的服务，不同的数据来源将通过一个特殊的门户服务器进行转换，以满足用户不同的需求。

(十)支持多种产品的移动学习管理系统

支持多种产品的移动学习管理系统是由特伦托大学开发的移动学习系统。这个项目的目标是尝试着把移动学习门户、Porta-bile 技术应用到大学的真实学习过程中。该系统结合了传统的学习管理系统并且支持信息的流动性,进而允许学习管理系统的使用者通过移动设备的使用与其他用户互动。这种整合将会实现网络服务技术,以免受平台、开发框架的约束。该系采用以下方法实现目标:

第一,采用一个能适应移动设备使用的、行之有效的电子学习平台。

第二,通过在客户端使用广泛的移动设备,在服务端使用网络服务来实现移动计算服务。

第三,研究与移动技术有关的学习模式来了解设备的局限性对学习过程的影响。

第四,对适合移动学习的学习对象成效的相关服务设计和开发做出评价。

第五,在真实的学习过程中对原型进行实验。

这个项目另一个有趣的方面是对两个现在广泛使用的 Web 服务开发框架——Sun 公司的 J2EE 和微软的 .NET 进行整合实验。学习管理系统的核心采用 J2EE 及 Java 相关的技术,而移动扩展模块采用了 .NET 框架。这两种技术之间的相互作用将通过 Web Services 技术来实现。

(十一)非洲农村的移动学习

非洲农村的移动学习既是一个项目,也是南非普利多利亚大学领导的一个研究生教育计划。农村学生通过这个计划,学习教育学士学位课程、高级教育证书课程和特殊需求的课程。这个项目最大的特点就是参加学习的学生没有 PDA,也没有 E-mail 和其他数字学习设施,他们中 99% 的人拥有的就是移动电话。移动电话在整个教学过程中起到以下作用:

第一,作为通用教育管理的支持,可以批量发送事先设计的短消息给所有相关的学生。

第二,作为具体的教学支持,可以从数据库中向特定学生群发送定制的学习短消息。

第三,作为具体的教务支持,可以从数据库向特定的学生群体甚至个人发送定制的短消息。

这个项目原本的目的是对学生的学习进行教务支持,但普利多利亚大学也在努力将教学支持结合进这个项目中,这种教学支持集中在组织教学活动上。

通过对上述项目的分析，可以得出以下几点结论：

第一，移动学习虽然正处在发展初期，但是发展潜力巨大。世界上对移动学习的研究和探索基本上是从 2000 年开始的，真正进入系统研究是在 2003—2004 年。从上述项目来看，基本上都是在 2002 年左右开始启动的，这说明移动学习的发展时间还不长。然而在不长的时间里，随着无线通信技术的迅猛发展，无线技术应用于教育与培训的可行性和方便程度越来越大，移动学习的潜力也越来越大，大有追赶现有国家网络远程教育的趋势。在我国，目前对移动学习的研究和探索十分有限，与世界相比，我国在这个方面已经落后了。但是，应该看到，无线通信技术在我国的普及程度也是十分惊人的，这为开展移动学习工作奠定了十分坚实的基础。

第二，上述项目基本上勾勒出了移动学习发展的一个轨迹：从数字学习到移动学习；从简单移动学习到复杂移动学习；从一般性的移动学习扩展到高等教育、基础教育、全民化的知识教育等；从教务管理到教学管理。上述项目基本涉及了教育与培训的方方面面，移动学习应用的广泛性可想而知。

第三，对上述项目的追踪揭示出国家的教育与培训不仅面向高等教育、基础教育和职业教育，也要面向各个层次的教育与培训，进行全民终身教育，塑造学习型国家。现有的移动学习内容不能满足这一趋势的发展要求，因此移动学习内容的进一步开发，将会成为移动学习研究的一个重要方面。

三、国内研究现状及成果

随着手机、PDA 和移动通信技术的发展，我国一些教育技术和网络教育机构目前已着手开发基于 WAP 的教育站点和 M-learning 平台，建设远程接待系统，从提供短信服务开始，探索适应未来学习者终身学习需要的 M-learning 模式。然而跟国外的研究相比，我们对移动学习的研究显然落后了许多。下面是笔者在 Google 和中国期刊网中检索移动学习相关名词的结果。

（一）研究分类

分析移动学习现有研究的类别，对于做文献综述是很重要的。国内外移动学习领域的专家、学者在对现有成果进行梳理或者对未来研究进行展望时，提出了各自的分类观点，国内比较有代表性的分类是叶成林博士及黄荣怀教授的分类。

叶成林博士在 2004 年题为《移动学习研究综述》的论文中，对移动学习的概念、研究现状与典型项目、关键问题进行了深入的分析，这是国内第一篇如此详尽地分析移动学习的综述论文。他对下阶段的研究进行展望，包括了移动学习系统相关技术研究、移动学习终端的软件开发研究、移动学习课程开发研究、移动学习系统的标准化研究、移动学习的教学模式研究等内容。

黄荣怀教授于2008年出版了国内第一本移动学习书籍，该书将移动学习研究定位到移动学习概述、移动学习的相关技术、移动学习应用模式、移动学习设计的理论与方法，以及推动移动学习发展的技术和教育趋势五个方面。

我国后期涌现了一些剖析比较深入、全面的综述性与概览性文章，大多是继承并发展了叶成林博士、黄荣怀教授的分类，例如：孙剑华的《移动学习硕博学位论文的内容分析研究》，汪凤麟、李望秀等人的《对国内移动学习文献的定量分析》，杨方琦、杨改学的《近十年我国移动学习学术期刊论文的内容分析研究》，等等。

（二）现状分析

利用CNKI进行检索，检索项设置为"篇名"，检索词为"移动学习"，时间跨度为"2000年1月—2010年12月"，同时根据各文献中所列举的参考文献，又补充选取了重要文献，构成了我们分析的数据来源。从相关性、重复性、学术规范性的角度对这些文献进行筛选，最终选择了109篇，具体信息如表1-2所示。

表1-2 教育技术学CSSCI期刊变化

年份	期刊	扩展
2000—2002	中国电化教育、电化教育研究	
2003	中国电化教育、电化教育研究、教育信息化	
2004—2005	中国电化教育、电化教育研究、教育信息化、开放教育研究、外语电化教学	
2006—2007	电化教育研究、开放教育研究、中国电化教育、外语电化教育、现代教育技术、中国远程教育、现代远距离教育、中国教育信息化	
2008—2009	电化教育研究、中国电化教育、中国远程教育	现代远距离教育、中国教育信息化
2010—2011	电化教育研究、中国电化教育、开放教育研究、现代教育技术、远程教育杂志、现代远距离教育	现代远程教育研究、中小学信息技术教育

特别是在搜索得到的结果中,如果除去大量的重复和冗余的信息,真正对移动学习和移动教育的研究并不多。

我国教育部高教司已于2001年12月做出了关于"移动教育"的理论与实践研究项目立项的通知。在全国高等学校教育技术协作委员会的主持下,"移动教育"工程正在紧锣密鼓地开展着。工程第一期在全国高等学校教育技术协作委员会成员单位中开展,工程持续时间为五年,工程实施范围遍及北京、上海、沈阳、成都、兰州、乌鲁木齐等数十个城市。"移动教育"项目的核心内容有两个:一是建立"移动教育"信息网,利用中国移动的短信息平台向广大师生提供教育科研、教学管理、生活资讯等方面的信息服务,同时让他们能够享用更加优质优惠的移动电话服务;二是建立"移动教育"服务站体系,在各主要大学建立"移动教育"服务站,为参与"移动教育"项目的用户提供各种服务,以及电信卡、手机、笔记本电脑、掌上电脑、无线网络设备等与"移动教育"项目相关的产品。

北京大学开国内移动教育研究之先河。北京大学承担教育部移动教育项目,他们开发的知信教育平台已投入教学实验,正在研究移动计算、移动数据库、移动网站等。北京大学移动教育实验室研究移动教育始于2002年5月,且研究分为四个阶段,开发了四个版本的移动教育平台:

第一,基于网络和移动设备的移动教育平台。

该阶段主要利用短信进行操作,重点是解决信息交换,实现了基于移动网和互联网共享的移动教育平台系统。

第二,基于GSM的移动教育平台。

该平台主要是针对数据服务,开发了适合多种设备的教育资源,如课件、网站等。该平台主要解决资源共享问题,使得手机和PDA可以同时浏览同一种资源。该平台主要在前一种平台上增加了普适计算技术,同时成立了普适计算实验室。

第三,基于本体的教育资源制作、发布与浏览平台。

该平台主要在前平台的基础上增加了本体技术,主要是提高教育资源和教育服务的开发规范、动态扩充、可定制性,并为教育语义打下了基础。

第四,教育语义网格平台。

该平台主要利用语义技术提高教育服务平台的智能性,利用语义及本体技术建立多功能的教育服务平台。

南京大学和日本松下通信公司及SCC(Software Consultant Corporation)软件公司合作开发了一个国际合作的多媒体移动教学系统CALUMET(Computer Aided

Learning Unite Multimedia Education Technology）。

北京网梯信息技术公司开发了网梯移动学习平台，支持用户通过目前主流掌上电脑产品进行无线方式移动学习。

上海天宇技术发展有限公司在产品"多媒体网络教育培训平台"的基础上，综合运用移动计算及多媒体等技术，在移动网络环境下开发出适用于教育与培训领域的移动多媒体教育软件平台，使学生和教师通过使用移动终端设备，如手机、掌上电脑、笔记本电脑等实现交互式教学活动。

移动学习是移动通信、网络技术和现代教育三者有机结合的产物，是移动通信技术在教育中的具体应用，"它代表着现代教育技术的新方向"。研究和开展移动学习无疑是教育技术工作者的使命。同时，移动学习也是一项产业，一种关系全民终身学习的事业。发展移动学习目前需要做的工作可以概括为以下几点：

1. 大力开展基础理论和应用研究

我们对移动学习的基础理论研究和应用研究是非常缺乏的。在国内，有关M-learning 的论文、论著甚至译著少之又少。我们不能停留在借鉴国外研究成果和简单"拿来"的层面上，只有学习和借鉴别人先进的东西，根据国情进行创造性应用，才有前途。同时，待时机略微成熟，我们要总结和发展自己的、具有中国特色的 M-learning 理论和模式，一是为我们自己的 M-learning 研究与实践服务，二是为其他国家，尤其是一些大国的远程教育提供有价值的借鉴和指导。

2. 制定移动学习的相关标准

移动学习系统是无线通信技术、移动计算技术和互联网技术的结合。要制定相关的标准，使产品间有复用性，能相互操作，学生通过移动设备实现数字化学习。此外，移动学习资源设计开发的标准和规范的制定也是当务之急。

3. 要建设移动学习支持系统和平台

移动终端技术、移动通信技术和网络技术是一种学习系统的支撑技术，移动学习系统是一个复杂的技术系统。开展移动学习必须首先建立起支持移动学习的技术系统和支撑平台。移动学习系统和平台不同于传统的 E-learning 系统和平台，移动 M-learning 学习系统和平台可以采取两种思路：一是对已有的 E-learning 系统和平台进行扩展，二是建设专门的移动学习系统和平台。

4. 移动学习资源的开发

学习资源是教育技术的两个研究对象之一。移动学习资源是移动学习系统的实体，移动学习系统是技术支撑，是一个"外壳"，学习者真正需要获取的是学习资源。目前，移动学习资源的表现形式有短信形式的学习资源移动设备、可以以访问的形式在移动设备上运行的客户端学习软件。我们在建设移动学习系统的同时，要把移动学习资源的建设放在很重要的位置上，要开发随时随地可以访问的移动学习资源，开发适合于移动学习的客户端学习软件，对移动学习资源进行测试和评价。

5. 扩大合作的区域

欧美国家开展了很多大区域的移动学习合作项目，积累了很多成功的经验。我国已出现移动教育方面的研究中心，但似乎缺乏大的国内外合作项目。我们应该尽快在亚洲乃至全球的 M-learning 合作研究的平台上占有一席之地。我们的研究步子还较慢，计划性也不够，涉及的区域也狭窄，如不注意调整，很容易陷入研究和开发的瓶颈。

移动学习是一项新兴的事业，需要教育技术研究者、教育部门和产业界的通力协作、共同努力，实现随时随地都可以进行学习的梦想，使人人都享有优质教育。

第二章 移动学习的技术支持

第一节 无线网络技术与网格技术

一、无线网络技术

移动学习的特征是"随时随地",无线网络技术需要保证在不同的时间和地点都能及时有效地呈现移动学习资源,支持学习者进行学习活动及其他的互动情境。无线网络技术很好地把学习者、学习资源、学习环境有机地融合在一起,为移动学习提供了良好的技术支持。

二、网格技术

移动学习是移动通信技术与数字化学习嫁接的产物,当前数字化学习系统中的异构系统资源共享与协作学习是急需解决的重要问题,网格计算技术为解决上述问题提供了一种新的技术方式。

(一)网格

"网格"一词是在 20 世纪 90 年代中期为资源共享和分布式计算而提出的一项新技术,FAFNER 和 I-WAY 是这一时期两个代表性的项目。随着技术的发展,网格不再仅局限于连接几个特定的超级计算中心,而被看作全球范围内为各种大规模计算和超大量数据的应用提供分布计算环境的基础设施,这一时期的代表性项目有 Globus 和 Legion 等。目前,网格正与 Web-Service 技术融合在一起,从计算网格发展为语义网格和知识网格,网格技术正成为下一代互联网的先进技术与基础设施。

Ian Foster 曾在 1998 年出版的《网格:21 世纪信息技术基础设施的蓝图》一

书中这样描述网格："网格是构筑在互联网上的一组新兴技术,它将高速互联网、高性能计算机、大型数据库、传感器、远程设备等融为一体,为科技人员和普通老百姓提供更多的资源、功能和交互性。互联网主要为人们提供电子邮件、网页浏览等通信功能,而网格功能则更多更强,让人们透明地使用计算、存储等其他资源。"2000 年,Ian Foster 在《网格的剖析》一文中进一步把网格描述为"在动态变化的多个虚拟组织间共享资源和协同解决问题"。虚拟组织是指由共同规则定义的一组个人或机构。因此,网格的核心元素有两个,即资源共享与交往规则(social policies)。资源共享主要不是在于文件交换,而是直接接入计算机、软件、数据和其他资源,这些资源是协同问题解决和资源中介所需要的。交往规则是指每一个网格结点都有其自己的硬件和软件规范、存储设备、网络拓扑等。网格技术的最终目的是要利用互联网把分散在不同地理位置的电脑组织成一台"虚拟的超级计算机",实现计算资源、存储资源、数据资源、信息资源、软件资源、通信资源、知识资源、专家资源等的全面共享。

(二)语义网格

互联网技术的出现使得信息传递与信息共享极为方便,然而我们目前所使用的 Web 在某种程度上说是面向人们阅读的内容,Web 上的内容无法被机器所理解。当前的互联网是一个存储和共享文本、图像的媒介,计算机所能看到的只是一堆文字或图像,对其内容无法进行识别。今天大部分 Web 上的内容是设计给人阅读的,而不是让计算机程序按其意义进行操作的。计算机能熟练地解析网页的版面,知道哪里是标题,哪里有与其他页面的链接,但是,一般来说,当前的计算机没有可靠的方法来处理语义,给信息检索、信息交换、知识发现等工作带来了巨大的障碍。人们在使用搜索信息时往往得到的是大量无关的信息,如何提高互联网搜索引擎智能化程度、信息搜索的准确性及语义查询,成为下一代互联网首先要解决的关键技术之一。

(三)网格在数字化学习系统中的应用

网格技术为 E-learning 的发展带来了新的发展机遇。欧洲的 LE GE-WG 在推动建立学习网格基础设施方面做了很多工作,已经组织开过两次国际性的会议。利用网格技术,学习者可以在各种情境中进行协作,并允许共享学习资源和经验,这些资源在异构和地理上完全分布,这实际上实现了全新的分布式学习空间。意大利 Nicola Capuano 等人认为,网格技术对 E-learning 的作用主要体现在大范围的学习资源在异构和地理上分布的环境中的共享。他提出将已经存在的

E-learning 平台转化为基于网格的学习环境，并以 IWT（Intelligent Web Teacher）系统为例，将其转化为 Grid based IWT 系统。图 2-1 为基于语义网格的 E-learning 体系结构，在该体系结构中，主要分为网格基础设施和 E-learning 基础设施。网格基础设施包括接入服务、信息与监控服务、推理服务、资源管理、数据服务管理、工作计划、网格安全服务及其他网格核心服务等模块，其中推理服务模块主要通过基于语义网格技术的知识库工作。E-learning 基础设施主要由协作工具、软件代理、个性化服务、应用安全及推理服务等模块构成，其中推理服务等模块主要通过知识库工作。

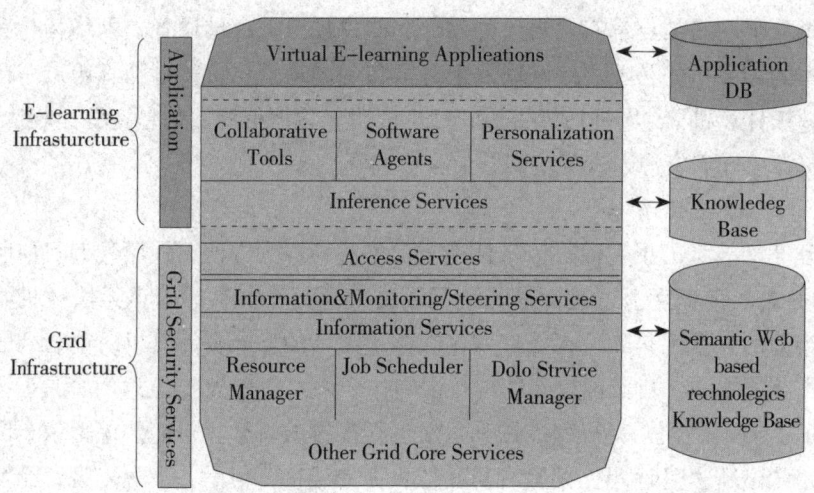

图 2-1 基于语义网格的 E-learning 体系结构（SELF）

第二节 移动学习的软硬件及网络环境

一、支撑移动学习的硬件网络环境

（一）移动学习硬件网络环境现状

移动学习是当前快速发展和知识型社会背景下，能提供给学习者广泛学习的一种有效手段。移动学习概念的发展已经有很多年了，但是一直受技术条件的限制而实际发展缓慢。在当前移动计算软硬件技术、移动互联网技术高速发展的大背景下，移动学习已经逐步可以得到有效的实施。随着智能手机、平板电脑、MID等性能优异、价格便宜的移动计算设备的出现，使得移动学习终端部署的问题得到解决。

目前，全球智能手机行业正处于行业发展的成熟期。相关数据显示，2016年全球智能手机出货量达到近年的峰值，为14.71亿部，同比增长2.65%。2017年全球智能手机出货量达到14.58亿部，相比2016年增加7.20%。2018年全球智能手机终端销量同比增长1.2%，出货量超过15.55亿部。各大智能手机厂商均得益于全球移动互联网的蓬勃发展环境，对于智能手机需求刺激增强。此外，由于Android大规模列装各大新老品牌手机，因此全球智能手机价格进一步下调，刺激了消费者的购买欲望。至于中国智能手机厂商，数据显示，应用Android智能系统的华为、小米和OPPO增长明显，尤其华为大涨35%，销量超过2亿部。随着Android系统的广泛使用，在全球市场（包括中国市场），Android系列的性能优秀而又价格低廉的手机大规模涌现。

除了智能手机的大规模应用外，更加适合移动学习的平板电脑也发展迅速。2010年以iPad为象征的旗舰级平板电脑出现，标志着平板电脑迅速发展时期的到来。2011年1月，在第44届国际消费电子产品展（CES2011）上，一批优秀的Android平板电脑涌现，特别是系列平板电脑。摩托罗拉、华硕、戴尔、华为、中兴等主流厂商均推出一系列硬件一流的平板电脑，技术参数均满足主频的ARM处理器、512MB运行内存，特别是其中采用NVIDIA Tegra2架构的Android平板电脑，均可达到比iPad更优异的性能（可以直接支持Flash 10），而价格比iPad更便宜。特别是一系列国内厂商的Android平板，价格均在1000元以下。研究报告显示，在2017年欧洲市场平板电脑的销量在第一季度就增加910%，传统PC和笔记本销量整体下滑5.8%，2017年全球平板电脑销量超过7000万台。

不仅移动学习终端的大规模部署即将到来，支撑移动网络学习的重要基础设施也得到了大规模的发展。随着2009年工业与信息化部正式颁发3G牌照，中国移动（TD-SCDMA）、中国联通（WCDMA）、中国电信（CDMA2000）三种制式的3G网络大规模部署，移动互联网用户广泛发展。截至2010年末，中国三大运营商3G用户总数达4000万。同时，4G技术发展迅速，2010年12月底，工业和信息化部正式批复同意TD-LTE规模试验总体方案，中国移动将在上海、杭州、南京、广州、深圳、厦门六个城市组织开展 TD-LTE 规模技术试验。2019 年 6 月 3 日，据新华社消息，在各方共同努力下，我国 5G 已经具备商用基础。工业和信息化部将发放 5G 商用牌照，这也意味着，我国将正式进入 5G 商用元年，中国的 5G 商用化进程已经到了一个比较深入的程度。随着 3G 网络的更加成熟稳定、高速 4G 网络的部署和更快更稳的 5G 技术，移动学习所依赖的移动互联网支撑环境更加可靠完善。

在智能移动终端上，随着应用软件越来越丰富，可以方便快速地在移动互联网上联机获取学习资源、联机交互，实现随时随地的流动性学习。移动终端上使用的操作系统如 iOS、Android、Windows Phone7 等均具备方便操作、易于访问网络资源、自动软件部署等优良特性，还支持多媒体功能，通过自带的移动浏览器可以方便地在移动环境下访问互联网网页，尤其是支持桌面电脑可以访问的各种资源，早期移动学习下需要针对手机重新设计资源的弊端得以克服。特别是开源免费的 Android 操作系统，在 2.2 版本已开始支持原生 Flash，使得在各大使用 Android 的终端（无论是智能手机还是平板电脑上）能直接访问 Flash 视频，这使得 Android 终端具备完全和桌面电脑一样的访问各种学习资源，尤其是学习视频的能力。随着 HTML5 技术的发展，iOS、Android 均支持 HTML5 方式发布的视频，即使不支持 Flash 的设备借助 HTML5 也能访问各种原有格式的视频。随着 iPad 的流行，很多视频系统针对支持 HTML5 的设备开发资源平台，使得其可以方便访问。

随着 GPS 技术的发展，各种位置服务（LBS）功能也广泛地在各大移动终端使用。即使没有 GPS 芯片的设备，借助互联网的谷歌位置服务等，也能方便地定位学习者的位置。LBS 的引入，可以有效地帮助基于时段的移动学习活动开展评价。

（二）移动学习硬件设备持有比率

在常见的移动学习设备中，手机的拥有比例最高，几乎人人都有，拥有比例高达 98.10%，这个数据远高于 2009 年我国移动电话的普及率 54.3%。而其他移动学习设备（PSP、PDA 除外），我国大学生的拥有比例也非常高，虽然没有相关设备拥有比例具体的统计数据，但已达到或超出欧美发达国家的人均拥有比例。超过一半的大学生拥有 MP3、收音机，超过或近 1/3 的大学生拥有 MP4/MP5、电子词典。大学生移动设备人均拥有量为 3.049 台，即每个大学生平均拥有常见的移动学习设备任意 3 台以上，具体数据参照图 2-2。

第二章 移动学习的技术支持

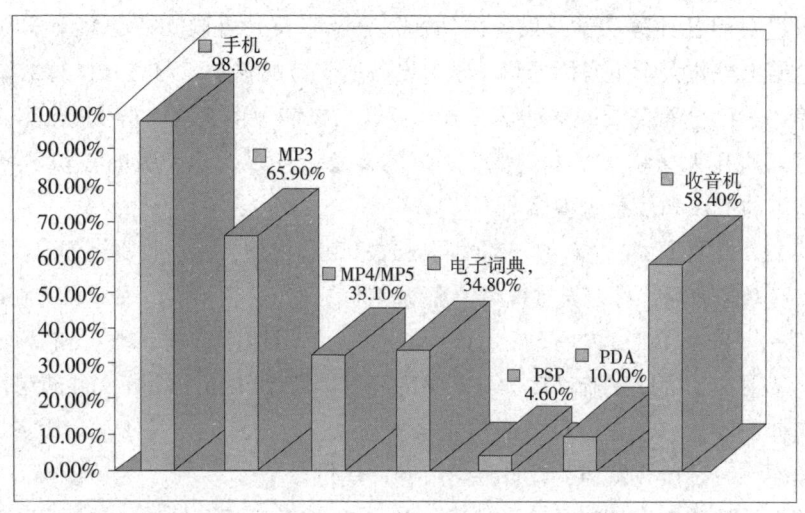

图 2-2 我国大学生常用移动学习设备拥有比例

(三) 硬件设备功能

从大学生拥有的手机功能（如图 2-3）中不难看出，支持智能软件、无线上网等智能手机功能所占比例为 32.2%～37.7%，说明拥有智能手机或更高级手机的比例大于 1/3。随着 5G 时代的来临，智能手机、4G 手机的降价，相关资费的降低，这个比例将继续扩大。将有更多的大学生拥有智能手机或手机，进而享受更好的移动学习服务。

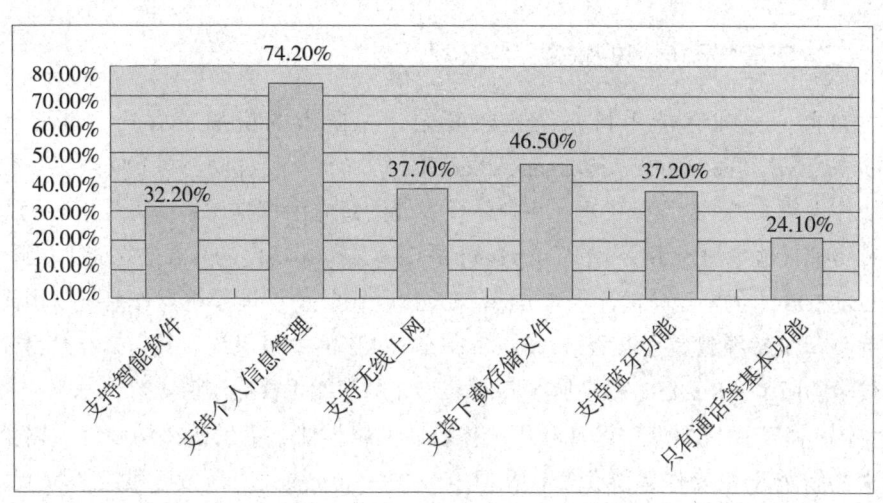

图 2-3 大学生使用手机的功能

通过对照各种移动学习设备的功能、普及率及其可以支持的移动学习方式，我们总结出当前大学生常用的移动学习设备所支持的移动学习方式，总结如下：

第一，已全面普及的移动学习方式：双向电话短信交流、群发短信、基本学习管理。这几种移动学习方式基于手机的普及，可以构建初级的移动学习社区，满足基本的交流和信息管理需求。

第二，普及了 1/2 左右的移动学习方式：观看视频文件、收听录音、收听广播节目、资料管理等，可以支持视频、音频课件的制作及教学类广播节目的制作。

第三，普及了 1/3 左右的移动学习方式：上网搜索资料、下载和管理资料、观看电子书等，可以支持移动学习网站的开发，移动 PDF、word 文件的制作等。

第四，对比移动学习设备的功能和普及率，我们总结出关于移动设备发展潜力的结论，为设计开发相关设备的学习课件提供参考。

第五，从拥有比例来讲，设计通过 MP3 和收音机呈现的移动课件发展潜力较大，设备已经达到了较高水平的普及。

第六，从综合功能来讲，手机是潜力较大的学习工具，支持多种多媒体，手机还可以支持上网，大大丰富了资源。

第七，综合普及率和功能，潜力最大的大学生移动学习工具是手机。

通过上述分析不难发现，不仅是移动设备得到了普及，各种移动学习方式也从硬件设备上得到了广泛的支持。因此，我们可以得出以下结论：大学生已经具备了较好的移动学习硬件条件。

二、支撑移动学习的软件网络环境

目前，全球智能手机系统比较复杂，占据市场份额较大的主要是 iOS、Android、Window Mobile、Symbian、BlackBerry。iOS 是 Apple 公司 iPhone 手机使用的操作系统，iOS 是性能优秀、用户体验极佳的智能手机操作系统，其诸多优秀设计直接被其他竞争对手所模仿。Android 是 Google 公司推出的开源的智能手机系统，是目前 iOS 的主要竞争对手。Window Mobile 是微软的智能手机操作系统，由于微软的公司策略导致其发展缓慢。Symbian 是 Nokia 的手机系统，其中 S60 是目前使用较多的版本。BlackBerry 是加拿大公司 RIM 的智能手机操作系统。

iOS 由于优良的架构设计和用户体验、网络性能，借助优秀的硬件占据全球很大的智能手机操作系统份额。而且 iOS 在 Apple 的大力研发下性能不断提高，Android 是 Google 推出的 iOS 的强大对手，Android 借助 Google 强大的研发实力和开放特性发展迅速,是目前非常重要的智能手机系统平台。

Window Mobile 是 Microsoft 的智能手机系统,由于该系统直接继承了 Window 的很多特性,而这些特性并不适合手机,导致其无法同 Android 展开有力的竞争。Microsoft 已经放弃 Window Mobile(最高版本是 6.5)系列的研发,转而研发全新架构的 Windows Phone7。微软 2010 年 10 月 11 日才发布,且需要较高的硬件配置,很显然,Windows Phone7 智能手机跟 iPhone 手机和 Android 高端智能手机相比,有一定程度的竞争压力。

BlackBerry 是在北美市场比较流行的智能手机,然而由于 BlackBerry 在整体上跟 iOS、Android 相比有一定的劣势,如用户体验、网络功能等,因此也面临着巨大压力。由于用户习惯和国内移动运营商的支持力度不够,使得 BlackBerry 在中国内地发展缓慢。

在北美和欧洲市场,Android 发展很快,这两个区域主要是 iOS、Android、BlackBerry 占主要市场份额。值得注意的是,占据市场份额第二发展趋势的是未知数据,这部分未知数据推测是山寨手机。随着 Android 的迅速发展,山寨手机很大一部分已经(从 MTK)走向 Android。可以分析,中国市场的 Android 会有很大的发展,特别是国内行货 Android 智能手机的迅速普及。因 Windows Phone 发布时间短,上述数据基本未反映 Windows Phone 的相关数据。由于 Microsoft 在移动领域的巨大投入,特别是 Nokia 已正式和 Microsoft 合作,Windows Phone 系列智能操作系统未来会有一定的发展优势。

综上所述,可以预测在全球(特别是中国)智能手机主流系统平台的竞争中,将是 iOS、Android、Windows Phone7 三分天下的局面。其他平台的系统可能由于被孤岛化,明显存在发展艰难甚至消失的趋势。iOS 平台的软件开发主要使用 Objective-C 语言在 MAC 计算机上进行开发,Apple 在其 MAC 电脑和移动设备上保持了一定的一致性,如统一使用 Apple 上的 Xcode(开发基础平台)和 Interface Builder(负责 MAC 可视化图形设计)开发工具。熟悉 MAC 开发的开发人员可以很方便地进行 iOS 上的移动开发。对于其他平台的开发人员而言,则存在一定程度的学习曲线。比如,Objective-C 语言(MAC 平台上的一种类 C++ 语言)甚至对于 C++ 开发人员而言,尚存在较长时间的适应性。尽管 iOS 开发难度较大,但由于 Apple 平台良好发展前景的吸引,国内的 iOS 开发人员越来越多。

Android 平台主要支持使用 Java 语言进行应用开发,同时支持 NDK 模式下的 C、C++ 开发(支持 Java 通过 JNI 调用)。虽然 Android 里 Java 程序是运行在

Dalvik 虚拟机下，但对于 Java 开发人员而言，在源代码角度跟标准的开发是一致的，广大的 Java 开发人员可以平滑过渡至 Android 移动平台。Android 移动开发直接使用 Eclipse 集成开发环境安装 ADT 工具进行，因而开发人员可以方便地在 Window、MAC、Linux 桌面计算机中进行 Android 开发。Windows Phone 则只能在 Windows 下使用。NET 系列语言在 XNA 框架下开发。Microsoft 提供的 Visual Studio 工具提供了性能优良、支持可视化的移动开发支持，方便 Windows 平台开发者迅速上手 Windows 移动开发，并提供了完善的移动开发、调试、模拟器测试。表 2-1 为 iOS、Android、Windows Phone7 开发平台的具体参数比较。

表 2-1 iOS、Android、Windows Phone7 开发平台比较表

特性	系统		
开发平台	IOS	Android	Windows Phone7
封闭性	封闭	开放	封闭
开发语言	Objective-C, C, C++	Java, C, C++（JNI 调用）	C, C++.net VB.net
开发工具	Xcode Interface Builder	Eclipse（ADT）	Visual Studio
可视化开发	支持	暂未支持	支持
模拟器	优	良	良
开发难度	高	中	低
学习曲线	高	中	中

第三节　移动学习的终端设备与资源的实现

一、移动学习的移动终端设备

移动学习的领域包含了大量的应用和新的教学与学习的技巧。移动学习应用一种移动设备或在移动环境中进行学习，不同的移动设备，其性能与功能差异明显，往往具有某一方面优势的同时，也具有更多的局限性，从这个意义上

说，不同的移动设备意味着不同的移动学习。关于移动学习的特点与不足如表2-2所示。

表2-2 移动学习的特点与不足

移动学习的主要优点	移动学习终端设备急需改造的地方（增加）	移动学习终端设备急需改进的地方（减少）	移动教育课程的开发与认证
任何时间、任何地点学习的便利性	速度	尺寸	交互性
由于实时视频制作与传输技术而带来的地理空间的消失性	宽带	重量	权威性
可携带性、专家口袋	内存容量	对电源的要求	合作性
由网络通信而实现的教师指导的合作学习	使用方便性	维护	学习者中心
个性化的学习内容、真正实现因材施教	使用周期	保养	丰富媒体
与课堂学习、数字化学习的整合学习	输入、输出质量	价格	课程认证

前文第一章已提到的戴斯蒙德·基更主持的"从数字学习到移动学习"项目通过研究各种不同移动终端在移动学习中的应用，初步得出以下一些结论：

第一，移动学习的主要优点体现在随时随地学习的便利性、设备可携带性和合作学习等方面。

第二，移动学习终端设备在速度、带宽、内存容量、使用方便性、可持续使用时间和数据输入输出方便性等方面急需增加。

第三，移动学习终端设备在尺寸、质量、对电源的要求、维护、价格和保养等方面在费用上要进一步降低。

第四，移动教育课程的开发与认证方面，要体现交互性、权威性、合作性、以学习者为中心和媒体丰富性，同时应开展移动教育课程开发认证工作。

由诺基亚、INSEAD 和 ICUS 等联合进行，旨在研究通过基于 Web 与 WAP 结合的方式传输教育内容及开展教育服务。他们选择《移动中的电子商务》这门课程作为教学内容，同时开发基于 Web 和 WAP 的课程内容，学生可以通过具有此功能的诺基亚手机和接入 Internet 的计算机获取课程内容与教学服务。INSEAD 主要提供教学内容，ICUS 负责网络课程资源的教学设计及教学组织与实施，诺基亚负责提供技术专家及市场推广。两种传输模式（70% 以上的课程内容可以分别通过两种方式传输到学生）和课程内容的紧密结合为参与项目实验的学生获得两种远程学习方式的体验。跟踪学生学习过程的评价结果揭示在教学支持方面，二者的效果没有显著差异；在技术支持方面，WAP 技术明显比 Web 技术做得更好。

通过对 Web 和 WAP 进行对比研究，结果发现：

第一，Web 的教学内容需要短文本、屏幕滚动技术及比 WAP 更多的标题，结果网页内容需要更多的级联菜单。

第二，实验中，10% 的课程内容仅能通过 WAP 获取，20% 的课程内容仅能通过 Web 获取，70% 的课程内容两种方式都能获取。在课程内容方面，80% 可以用 WAP 手机获取，如多项选择题、教师的即时提醒和警告；而 90% 的课程内容可以 Web 的形式获取，如数字视频片段、电子公告讨论板、电子邮件等。

第三，大多数学习者能获取 40%～50% 的 WAP 资源和 70%～80% 的 Web 资源，原因在于 WAP 资源屏幕尺寸小、低速率连接和有限的图像。

第四，在课程开始前，绝大多数学习者都认为他们很少使用手机学习。实际上，在 14 个人中只有 5 人表示他们乐于使用 WAP 手机学习，他们大多数人认为手机屏幕太小不适合用于学习。

第五，随着课程的进行，有学习者表示 WAP 传输的课程内容很有价值，如随时随地获取学习内容为他们学习提供了极大的便利。有人说，来自教师的即时提醒非常有用，尤其是忘交、迟交作业时。有人说，有即时反馈答题结果的多项测试功能对学习很有价值。

第六，几乎所有的学生（他们大多数是企业经理人且熟练使用 Internet）对全部的课程质量和技术支持表示满意。学员的反馈包括"直接就课程内容问题和教师交流以及就技术支持问题和'技术帮助桌面'交流让人很放心"，有人说，除了讨论中有时间限制外，课程提供了最大的灵活性。

第七，所有学习者都表示，使用移动电话或计算机均能很容易浏览课程内容。大多数学习者发现在移动电话和计算机之间转换很少会发生问题，因为有参考手册流程图，其将 WAP 内容和同样的 Web 内容建立了链接。然而，如果没有 Web 内容做备份支持，则仅一半的人认为 WAP 课程内容令人满意。

第八，大多数学习者发现 Web 内容容易建立和获取。尽管所有学习者发现传输的内容 WAP 容易获取，但还是有两名学员在设置移动电话参数时需要帮助。

现在移动学习发展缓慢，是因为大多数移动设备屏幕尺寸小、分辨率低、计算能力不强及存储能力有限。连接各种各样的移动设备到同一个网络的难题也是一个真正的限制。看起来，移动学习比较适合诸如语言技巧、市场销售等专门的内容教学。当前，技术使得移动学习最适合数字化学习的课程主要有：即时提醒；警告与同伴及教师交流；即时反馈的多项选择测试；每日提示；概要信息；浏览数字化学习的课程；材料搜索一个主题内的专门信息；连接 WAP 站点；课程注册。

随着移动计算与无线技术的融合，每一种设备将不仅仅是传递消息或接入 Internet，更多的是为个人提供了获取信息方式的多样化。不要认为移动接入可以替换有线设备，企业在规划其电子商务和数字化学习时应将移动接入技术看作是一个促进因素。因此，正如移动商务将成为电子商务的一个分支一样，移动学习也将成为数字化学习的一个分支。

二、移动学习资源的实现

据 2015 年 9 月全球手机系统市场份额调查显示，Android 市场份额仍然处于领先地位。此外，本次研究也对被调查者持有的移动设备操作系统类型进行了调查，调查结果显示，在本次接受调查的 170 名被调查者中，拥有 Android 设备的用户为 47%，远远超过了其他移动操作系统。

Android 系统不仅在手机系统占据了大量的市场份额，在中国，还因其"开源""创新"等优势吸引了众多热衷于 Android 开发的开发者，为第三方开发商提供了一个十分宽泛、自由的环境。因此，本次研究选取的平台搭载系统为 Android 系统。由于目前没有符合本研究中翻转课堂移动学习资源设计模型的移动学习平台，所以笔者在所选取的平台上加以改进，使之符合本研究中移动学习资源设计模型的要求。本研究所选用的移动学习平台的主要功能共分为三大模块：内容学习模块、反馈练习模块、交流分享模块。其中，内容学习模块是移动学习平台的基本功能模块，学习者在此模块进行课程内容的学习，包括明确课程概要、学习课程内容及相关实验内容等；反馈练习模块为学习者提供与学习内容相对应的练习题目并将练习结果反馈给学习者，帮助学习者检验学习效果和巩固所学内容，便于更加有效地进行后续内容的学习；交流分享模块主要根据关联主义学习观,利用社交软件的共享功能,帮助学习者搭建人际和知识网络,在交流方面,因为学习者使用的移动设备一般会安装即时通信软件,如 QQ、微信、微博等,学习者可以通过发送 QQ、微信、微博私信等方式与老师和同学进行交流,因此该平台没有增设专门的通信模块,而是利用微信、人人和微博等开放平台提供的 API(Application Programming Interface)为学习者提供交流分享的功能,学生可以在该模块以发送朋友圈、微博私信等形式将移动学习资源分享给自己的学习伙伴。除上述功能外,该平台的界面设计、功能设计、交互方式也与本研究中对移动学习资源设计的各方面设计原则保持一致,故选用该平台与本次研究中实现的移动学习资源共同组成移动学习 App(Application 缩写)。在翻转课堂中,移动学习资源设计模型要求学习者只有通过了前一个学习单元测验才可以学习下一个单元,因此要求移动学习平台具备学习单元的锁定和解锁功能。笔者根据设计模型的要求,将移动学习平台改造为保持原有的内容学习、反馈练习、交流分享功能不变,增加了如下功能:初次使用时仅开放第一个学习单元,并锁定其他学习单元;根据学习者前一学习单元的测验结果决定是否解锁下一学习单元,即若学习者通过测验则开放下一学习单元,若没有通过,则不开放下一学习单元及其余后续的学习单元。针对没有 Android 设备的学生,笔者将移动学习资源上传到 Web 学习平台上,此平台可供学生在移动端打开,浏览学习资源。

(一)授课视频

授课视频主要为学生提供了以 PPT 为主、教师授课影像为辅的视频画面布局。在界面设计上,PPT 主要采用白色背景,黑色字体为主要字体颜色,红色、蓝色字体混用突出部分内容,教师画面上采用半身像的构图比例,背景为白色背景墙,教师在录像时所穿的衣服为深纯色衣服,与背景颜色形成鲜明对比。交互设计上,学生可以通过触摸或点击移动设备的屏幕观看播放进度条,掌握视频的时长,也可以通过调整进度条进行视频的暂停、播放、快进、回退、调节音量大小等。功能设计上,支持横屏观看视频,使视频画面充分占据移动设备的整个屏幕,尽可能在屏幕资源有限的情况下为学生更多、更有效地呈现知识信息。教学设计上,视频的长度一般在 5~10 分钟,根据不同学习单元学习内容的知识容量和难易程度有略微的浮动。在授课教师的选取上,聘请在英语教学方面授课经验丰富、善于运用"学"的教学策略和教学模式的教师来录制视频。

(二)知识概要

知识概要为学生提供该学习单元的主要知识点,共分为三个部分:知识归纳、学习重点和学习难点。其中，知识归纳为学生归纳该学习单元的知识要点，学习重点和学习难点阐明该学习单元的学习难点和学习重点。内容上，以文字媒体为主要载体，并支持学习者通过收缩和张开手指放大和缩小页面，页面背景以白色为主，标题以鲜明的蓝色呈现。导航设计上，在移动设备屏幕的上方显示学生所处的学习单元，防止学生迷航。

（三）例题分析

例题分析为学生提供该章的典型例题，帮助学生更好地内化新知识，页面呈现形式设计上与知识概要类似。交互设计上，新增通过点击展开和隐藏新内容，学生可通过点击分析、参考答案按钮来展开或折叠该例题的分析思路和参考答案，默认的情况下该部分内容是被折叠起来的。

（四）电子教案

本系统所用的电子教案为PPT类型，交互方式上采用学生比较熟悉的在移动设备上查看图片的方式，即通过向左向右滑动屏幕查看上一张或下一张PPT。与此同时，学生仍然可以通过展开和收缩手指放大或缩小查看学习内容。在界面设计上，因屏幕面积有限，所呈现的学习内容较多，页面头部使用半透明的方式，不但可以扩充屏幕面积，为导航和页码的添置创造空间，而且头部一般不会呈现过于重要的学习内容，学生仍然可以查看内容。

（五）常见错误

常见错误模块主要为学习者提供该学习单元中学生易犯的错误及困惑较多的地方，主要按照错误类型分类，每个类型的说明中包括该错误的典型例子、错误说明以及错误类型。在资源呈现形式上，与知识概要模块的呈现形式类似。

（六）自学内容

自学内容主要呈现教师讲授内容的补充材料，供学生进行自学，自学内容属于拓展性的内容，因自学内容一般在理论授课之后，故该模块只提供理论授课内容之外的补充材料，问题一般为开放性的，而不提供严格的标准答案。

（七）阶段小测

阶段小测是翻转课堂中学习资源的重要组成部分，是学习目标量化的主要载体，同时也是教学评价的重要环节。

学生通过点击开始答题进入答题页面，在开始答题前需要填写自己的学号和姓名，便于教师掌控每个人的学习情况。每道题目均为必答题，以选择题和填空题为主，在填空题的空中会有相应的输入提示，学生在全部题目完成后，点击

"我做完了,我要提交"按钮即可提交答案,页面会提交到相应的中间处理页面来处理学生的答案。一方面将学生的答案数据传输到对应的后台数据表中,便于教师掌控学生的学习效果;另一方面根据数据库中的正确答案匹配学生答案的正确率,处理过后得出学生本次作答的总分数,将总分数分别返回到页面上呈现给学生,以及提交到数据表对应的字段中。

第四节 移动开发平台与工具

一、移动开发平台

目前,支持移动学习的设备种类较多,但主要是以手机、平板电脑为主。运行在这些设备上的操作系统也是多种多样,归纳起来主要有三类。

(一) iOS 系统

iOS 系统是世界著名的苹果公司设计和开发的一款主要运行于该公司移动终端设备(如 iPhone、iPod touch、iPad 等)之上的移动操作系统。该系统采用优雅时尚的 UI 设计和简洁、直观、自然的操作方式,给用户带来了全新的使用体验。系统在设计上采用了许多新的理念,如多点触控等,大大增加了产品的操作体验,引领了手机市场的设计风潮,成为众多厂商模仿的对象。但 iOS 系统目前只运行于 Apple 公司的设备上,不开放给其他厂商,相对较为封闭,其应用开发须在 Mac OS 环境下才能进行,增加了开发成本。

(二) Android 系统

Android 系统是由 Google 公司发布的一款基于 Linux 平台的开源移动操作系统。Android 系统的最大特点是开放性,其他开发商可以在其基础之上进行个性化的二次开发,根据各自的理念设计出风格迥异的 UI 及操作方式,实现个性化的服务,从而满足了不同群体的需求,使得 Android 系统变得丰富多彩,但这也造成了碎片化等问题,增加了适配的难度。Android 系统的开放性是其取得巨大成功的重要因素之一,短短几年内 Android 迅速成长为移动市场的主流操作系统,在全球范围内建立了一个庞大的生态系统。

(三) Windows Phone 系统

Windows Phone 是微软发布的一款手机操作系统。Windows Phone 系统坚持简约、易用的设计理念。Windows Phone 开始推出 Metro UI 设计方案，倡导"内容即界面"的设计原则，弱化操作，突显信息，主要通过文字和单纯的颜色来展示信息。

二、移动端实现开发工具

目前主流的基于 Android 的移动 App 开发方法主要有两大模式：一种是基于 Myeclipse+ Android 开发包的纯开发模式，此种开发模式技术门槛较高，需要专业的开发人员才能掌握，不利于广大教师制作移动端微课程；一种是现在非常主流的，借助第三方软件可以实现无代码编写或纯图形界面设计的移动 App 制作方法。主要软件有以下几种。

（一）App Can 开发平台

App Can 是我国的一个移动 App 开发平台，支持跨平台（Android、iOS、Windows Phone 等）应用开发。App Can 封装了许多系统已经开发好的程序，并提供丰富的接口供开发者调用。其丰富的模板资源可以让开发者不用关注前台 UI 的开发，从而节省更多的精力去关注 App 功能本身。该平台更像是一个集成的开发环境，相对于 Java 开发平台省去了许多复杂的配置，并且自带模拟器，不用添加额外的模拟器来测试软件的效果。开发的跨平台性可让开发者编程一次，而在多种手机操作系统下运行。使用该软件平台开发移动 App 需要具有一定的编程基础，对于普通的教师来说操作上具有一定的难度。

（二）App Byme 开发平台

App Byme 也称安米网，是隶属于摩讯公司的一个专门供开发者设计移动 App 的平台网站，截至目前，该平台用户已经超过 800 万，成功开发运营的 App 数量已经超过了 3000 款。App Byme 拥有很多优秀的模板，开发者根据自己的情况添加相关信息及图片和链接就能生成一个精美的 App，不过该平台的高级功能需要付费，并非完全免费，仅仅使用免费功能很难开发出实用的 App。安徽师范大学教育科学学院 App 开发团队使用该平台设计了《现代教育技术》的移动 App，取得了较好的口碑。

（三）简网 App 工场

简网 App 工场是简网时代科技集团开发上线的一款 App 制作工具。借助该平台，用户无须具备任何编程能力，不用自己架构服务器，只需简单的可视化图形操作就可以制作运行自己的移动 App，并且支持 Android 和 iOS 多平台。简网

App 最强大的功能是拥有一个后台 CMS 管理系统，借助该系统，开发者无须自己开发后台管理系统，不用架构服务器，并且支持用户注册和评论等功能。此款软件的后台管理系统是一大特色。此外，该平台下制作的 App 是典型的 C/S 模式，可以通过制作微课程资源管理系统充当服务器，然后通过该平台自带的后台管理系统，以文章管理的方式管理、发布，或更新网站上的东西到移动端。在文章编辑界面中既可以添加文字、图片等信息，还可以添加视频、链接等资源。通过此方法既可以简化开发的过程，又可以动态实时更新移动端教学资源，是非常理想的移动端实现方式。除此之外，还有多摩 App 平台、应用之星、通信魔盒、应用公园、追信盒子等，不同的软件有各自的特点，教师在设计移动端微课程时可以根据自己的需要选择合适的制作工具。为降低开发难度，适应大多数教师的信息素养，笔者采用操作比较简单、有现成 CMS 的开发平台，不需要任何编程基础的应用作为开发平台。

第五节　移动学习系统的技术支持及其开发技术

一、移动学习系统的支撑技术

（一）移动计算技术

移动计算是一种新型的技术，它使得计算机或其他信息设备在没有与固定的物理连接设备相连的情况下能够传输数据。移动计算的作用在于将有用、准确、及时的信息与中央信息系统相互作用，分担中央信息系统的计算压力，使有用、准确、及时的信息能提供给在任何时间、任何地点需要它的任何用户。

1. 无线网络技术

目前，很多企业和校园正在利用无线通信来提高工作和学习效率。无线局域网、无线广域网和无线个人区域网络是无线网络的三种基本形式。下面讨论每种无线网络的工作方式、优缺点及其在移动学习中的应用。

（1）无线局域网。

无线局域网（Wireless Local Area Network）是为人口密集的地区提供高速人工接入渠道的一种廉价及方便的途径，相比用电缆来连接的住宅楼和办公楼显得更方便。无线局域网在大量行业和专业领域中快速流行起来，广泛应用于制造、医疗、零售和批发业,也特别适合在大学校园中使用,能在这些地方提供不错的覆盖范围。很多移动学习活动都离不开无线局域网的支持。在家里、办公楼、咖啡厅,很多无线通信方式都是借助 WLAN 实现的。通过接入进行的移动学习,优点是接入方便、费用低,缺点是需要有 AP(Access Point,接入点)支持,因为并不是所有的地方都有访问点。

(2)无线广域网。

无线广域网(Wireless Wide Area Network,WWAN)与 WLAN 大体相同,但覆盖的区域更广,如整个校园、全城等。WWAN 使用的是蜂窝网络和人造卫星。对于数据网络来说,使用最广泛的一种是"蜂窝数字分组数据"(Cellular Digital Packet Data,CDPD)网络。CDPD 支持的数据传输速度为 19.2kb/s,通常与模拟和数字系统配合使用。Verizon Wireless 和 AT&T Wireless 和美国公司允许用户通过 CDPD 网络来进行无线上网。目前在美国,CDPD 覆盖了约 50% 的地区。

WWAN 相对 WLAN 拥有更广泛的覆盖范围,比较适合校园、社区和城市范围的移动学习。

(3)无线个人区域网络。

无线个人区域网络(Wireless Personal Area Network,WPAN)覆盖区域要小于 WWAN 和 WLAN。WPAN 为小区域的用户提供短途连接,它具有较低的数据传输速度和有限的传输距离,但是成本要小很多,设备功耗要求也比较低,如蓝牙 Picoent 就是 WPAN 的一个典型例子,它是一种支持蓝牙通信技术的网络,可覆盖半径在 30 英尺(约 9.14 米)以内的区域。

WPAN 主要是为建立个人的移动学习提供通信环境,例如通过带蓝牙功能的 PDA 与 PC 进行连接,访问和下载学习资源。

2. 射频技术

无线电频率或者射频技术使用无线电信号来进行远距离通信,它固定使用频谱中的一部分。移动电话、收音机、无线数据网络和其他无线通信媒体都采用了射频技术。

3. 激光和红外线技术

激光技术用于连接相邻建筑物中的网络通信,这种通信方式称为"无线光通信",它使用方便、运作稳定而且容易安装。负责发送和接收激活信号的装置通常安放在建筑物的楼顶,收发装置在两幢楼之间发送信号,并使用光纤连接到每一幢建筑物的网络。

4. 蓝牙技术

蓝牙取自 10 世纪丹麦国王哈拉尔德的名字，蓝牙技术实际上是一种替代便携或用于固定电子设备上使用的电缆或连线的短距离无线连接技术。在办公室、家庭和旅途中，无须在任何电子设备间布设专用线缆和连接器，通过蓝牙遥控装置可以形成一点到多点的连接，即在该装置周围组成一个"微网"，网内任何蓝牙收发器都可以与该装置互通信号。而且，这种连接无须复杂的软件支持。蓝牙收发器的一般有效通信范围为 10 米，强的可以达到 100 米左右。

所以，利用蓝牙技术就可以方便地搭建起一个实时、快速、交互性强的多媒体学习空间，构成一个"个人微型网"，并实现与网络的互联。学习者只要在"个人微型网"的覆盖区之内，就可以通过任何无线设备，如手机、有蓝牙无线网卡的手提电脑、各种蓝牙设备等实现无线上网学习，从而使学习的时间和空间得到扩展。

5. Wi-Fi

Wi-Fi 是 IEEE 定义的一个无线网络通信的工业标准，是一个高频率无线局域网的常用术语。Wi-Fi 与蓝牙技术一样，同属于在办公室和家庭中使用的短距离无线技术。该技术同蓝牙技术相比，有传输半径大、数据安全性好、安装门槛低等优点，用户只需在手提电脑或 PDA 等内置或插入无线网络卡后，即可上网。

Wi-Fi 技术鉴于其优良特性，必将大大推动 M-learning 的发展。

（二）移动通信技术

随着移动通信系统带宽和能力的增加，移动网络的速率也飞速提升，从 2G 时代的每秒 10Kbit，发展到 4G 时代的每秒 1Gbit，足足增长了 10 万倍。历代移动通信的发展，都以典型的技术特征为代表，同时诞生出新的业务和应用场景。而 5G 将不同于传统的几代移动通信，5G 不再由某项业务能力或者某个典型技术特征所定义，它不仅是更高速率、更大带宽、更强能力的技术，而且是一个多业务、多技术融合的网络，更是面向业务应用和用户体验的智能网络，最终打造以用户为中心的信息生态系统。

尽管相关的技术还没有完全定型，但是当今 5G 的基本特征已经明确：高速率（峰值速率大于每秒 20Gbit，相当于 4G 的 20 倍），低时延（网络时延从 4G 的 50ms 缩减到 1ms），海量设备连接（满足 1000 亿量级的连接），低功耗（基站更节能，终端更省电）。

5G 将渗透到未来社会的各个领域，5G 将使信息突破时空限制，提供极佳的交互体验，为用户带来身临其境的信息盛宴，如虚拟现实。5G将拉近万物的距离，通过无缝融合的方式，便捷地实现人与万物的智能互联。5G将为用户提供光纤般的接入速率，"零"时延的使用体验，千亿设备的连接能力，超高流量密度、超高连接数密度和超高移动性等多场景的一致服务，业务及用户感知的智能优化，同时将为网络带来超百倍的能效提升和超百倍的成本降低，最终实现"信息随心至，万物触手及"。

（三）嵌入式技术系统

嵌入式系统被定义为以应用为中心，以计算机技术为基础，软件硬件可裁剪，适应应用系统对功能、可靠性、成本、体积、功耗严格要求的专用计算机系统。嵌入式系统是先进的计算机技术、半导体技术和电子技术及各个行业的具体应用结合后的产物。嵌入式系统由硬件、操作系统和应用软件组成。

在移动学习系统中，各种终端设备都属于嵌入式系统，它们的硬件和操作系统是移动学习系统的技术基础，开发基于这些终端设备的学习软件是移动学习研究的一个重要环节。在开发移动学习系统的过程中，我们要考虑到作为移动终端设备的嵌入式系统的硬件和软件特性。

（四）移动数据库技术

所谓移动数据库是指支持移动计算环境的分布式数据库。由于移动数据库系统通常应用在诸如掌上电脑、车载设备、移动电话等嵌入式设备中，因此，它又被称为嵌入式移动数据库系统。移动数据库随着各种移动设备、智能计算设备、嵌入式设备的发展而迅速发展。嵌入式系统的应用包括以下几个方面：

1. 数据库信息存取

移动用户通过前端嵌入式数据库应用工具，直接向网络数据库服务器提交查询，将检索到的结果缓存或复制到嵌入式数据库中，进行本地管理。这些前端工具可能进行一定的定制，后台数据库服务器也可能会做一些修改。

2. 场地内或场地间的移动应用

应用中的移动用户在某个或某几个场地内移动，同时保持与基地服务器的联系，这种典型应用有存货清单和制造公司的车间管理等。

3. 基于GPS和GLS的应用

这类应用通过地球同步通信卫星传送地图信息或位置信息，或者通过发射器的信号广播来发送位置信息，各种位置信息、环境信息及其他的辅助资料可以保留在移动数据库中。例如GIS（Geographic Information System）系统通过获取指定地点的地图信息来指导工作,该系统可以用于自然资源和环境控制中。

4. 现场审计和检查

移动用户是具有一定审计、检查、监督等权利的检查人员,在处理过程中要连接到受检查者的信息数据库,并进行必要的更新,同时更新被检查者的嵌入式数据库,例如出租车检查、财务审计、施工监督、车辆保险协调等。

基于手机、PDA、掌上电脑等嵌入式设备的移动学习系统中,嵌入式移动数据库扮演着非常重要的角色。移动学习要实现协作学习、同步答疑,并做到教育信息采集,在移动设备与桌面和服务器系统之间传输数据,进行数据库同步。例如移动学习系统中,学习者将课程调查数据提交到服务器的数据库。也可以通过移动设备向网络数据库提交查询,将检索到的结果缓存或复制到嵌入式数据库中进行本地管理,如通过移动设备的客户端程序把结果显示出来。

(五)语音识别软件

美国微软公司已开发并开始销售一种新型语音输入软件,并将它们引入未来计算机和电信的标准配置中。用户可借助该软件用语音操控手机和掌上电脑的大部分功能,用户只需在使用某项功能时自然地用较标准的英语说出自己的需要,免去了通过菜单逐个查找各项功能的麻烦。与其他语音识别技术不同的是,用户不需要事先存储自己常用的控制命令,只需在使用某项功能时自然地用较标准的英语说出自己的需要即可。

在移动通信装置中加入语音输入的功能有助于实现和普及移动学习。因为语音输入比用键盘输入更为便利,也更具有吸引力。通过语音输入,不懂计算机的手机用户也可以很容易地获取和处理移动互联网上的信息,这就大大拓宽了教育的范围,对终身教育、教育的民主化及个性化学习将会产生巨大的推动力。

二、移动学习系统的开发技术

(一)BREW 技术

Qualcomm(美国高通公司)的 Binary Runtime Environment for Wireless(无线二进制运行环境,BREW)是支持胖客户机开发和供应的技术。BREWNL 程序是用和 C++编写的,并在支持 BREW 的电话中本机运行,不过只有数量有限的电话支持。尽管 BREW 本机应用程序可以做到优化,但是它们不在托管环境中执行,因而容易出现编程错误。J2ME 应用程序可以通过 J2ME runtime for BREW 如(IBM 和 Insignia 的 BREW MIDP runtime)在 BREW 设备上运行。

从软件开发者的角度来看，高通公司的平台可以描述为：

一个 API 函数集，使开发者能创建用于无线设备的应用软件；

也是一种手段，开发者可以将应用出售并交给终端客户；

就电话而言，BREW 是个处在应用软件和专用集成电路这两种级别间的东西。

因此，软件开发者能在不用知道或关心设备芯片或是空中接口的情况下对 BREW 进行写入。而且，BREW 可运行在使用其他空中项目标准的设备上。

BREW 第二个重要组成部分是 BREW 分布系统（BDS）。BDS 涵盖的是终端用户在无线运营商的网络上选购、支付、下载和安装软件的能力范围。

优势：

第一，基于 C/C++ 语言进行的开发对于许多程序员来讲比较熟悉；

第二，BREW 是独立于空中接口的技术，可以运行在诸多网络中，移动设备制造商无须再开发专有的软件平台；

第三，可降低移动设备技术门槛及产品成本，利于推广。

不足：

第一，开发工具目前还不成熟，主要是用 C 语言来开发；

第二，应用范围相对较小，目前为止，全球只有少数运营商采用；

第三，实际操作中，无法实现处理信息本地化，阻碍了最佳应用的开发。

（二）WAP 开发技术

WAP 提供了一套开放、统一的技术平台，用户使用移动设备很容易访问和获取以统一的内容格式表示的国际互联网或企业内部网的信息和各种服务。

WAP 定义了一套软硬件的接口，实现了这些接口的移动设备和网站服务器可以使人们像使用计算机一样，使用移动电话收发电子邮件甚至浏览网页。

WAP 标准定义了一种应用环境，让设计人员能够开发独立于设备的用户界面，然后使用 WML Script（WML 脚本）的 WAP 编程语言，把可执行的逻辑嵌入到移动终端中。这样，在移动终端上实际运行了一种微型浏览器，它非常像 PC 机上使用的 IE 或 Netscape 浏览器。WAP 可以支持目前使用的绝大多数无线设备，包括移动电话、FLEX 寻呼机、双向无线电通信设备等。在传输网络上，WAP 也可以支持目前的各种移动网络，如 GSM、CDMA、PHS 等，还可以支持未来的第二代移动通信系统。

优势：

第一，WAP 技术对于移动通信设备要求不高，尽可能少地占用手持设备资源

（如 ROM、RAM、CPU 等），通过加强网络的功能来弥补手持设备本身的缺陷；

第二，WAP 充分利用了 XML、UDP 和 IP 等 Internet 标准，它的许多规程建立在 HTIP 和 TLS 等 Internet 标准上，并进行了优化，克服了原无线环境下低宽带、高延迟和连接稳定性差的弊端；

第三，相对于其他平台的设计开发，基于 WAP 的程序设计要简单些。

不足：

第一，用户界面必须是 WAP 浏览器，支持 WML、WMT、Stript 语言；

第二，WAP 对网络的依赖性大。

（三）Java/J2ME 移动开发技术

J2ME 是用于嵌入式系统的 Java，广泛地应用于蜂窝（Cell Phone）、双向传唤机（Two-way Pager）、个人数字助理（PDA）及电视机顶盒等众多资源受限的小型设备中。Java 语言是跨平台运行的，软件开发商可以很容易地开发应用程序，方便地安装到手机中。J2ME 的主要技术优势：良好的跨平台能力、与后端无缝的结合能力、语言的优良特色（如简单安全），是编写微终端移动数据库最合适的工具。

Java 技术的优点：

跨平台：在多样性的移动设备市场中这个优点是很重要的。在一个异构的平台环境中，为所有设备开发和维护单一客户机的功能可以节省大量开支。

健壮性：Java 应用程序是完全受控的，字节码在执行前经过验证，内存泄漏由垃圾收集器回收。就算是 Java 应用程序崩溃，它也只包含在虚拟机中，不会影响设备上的其他敏感的应用程序和数据。

安全性：Java 运行时通过基于域的安全管理器和安全标准提供了高级安全功能。

面向对象：Java 语言是设计良好、面向对象的语言，具有大量数据库支持，有众多的 Java 开发人员。

在后端被广泛应用：让 Java 客户机与 Java 应用服务器共同工作相对容易。由于 J2EE 在服务器端的广泛应用，移动 Java 是企业前端应用程序的最佳候选者。

第三章 移动学习的资源设计

第一节 移动学习的资源概要

一、概念界定

(一) 移动学习

关于移动学习的定义，国内外尚没有出现统一的结论。

远程教育领域的权威戴斯蒙德·基更博士认为："可移动程度是定义移动学习的一个关键因素，即移动学习应限制在基于可以相对方便地拿在手里或放在背包里的移动设备的学习。"由此可见，基更博士认为 M-learning 与 E-learning 的区别主要体现在 M-learning 使用的设备的可移动性。

Crompton 指出，移动学习是指"Learning across multiple contexts, through social and content interactions, using personal electronic devices"，意思为"在使用个人电子设备过程中，通过社会和内容的交互，跨越多种情境进行学习"。这个定义强调移动学习过程中交互的重要性。

Alexzander Dye 等学者总结了其他的观点并给出如下定义："M-learning is learning that can take place anytime, anywhere with the help of a mobile computer device. The device must be capable of presenting learning content and providing the two-way communication between teacher (s) and student (s). Typically, educational organization administrates both the course content and the communication services"。通过这段英文表述，我们知道移动学习是一种借助于移动计算设备，可以在任何时间、任何地点发生的学习。所使用的移动计算设备必须可以呈现学习内容和提

供师生之间的无线双向交流。通常情况下,一个教育机构既要管理课程内容又要管理交流服务。

在我国,2008年黄荣怀教授在其出版的《移动学习——理论·现状·趋势》一书中,将移动学习的所有相关定义划分为四个大类:以技术为中心的移动学习定义、基于与E-learning关系的移动学习定义、从增强正规教育角度出发的移动学习定义、以学习者为中心的移动学习定义。

通过对以上定义的整理和分析,结合本书的研究方向,本书中关于移动学习的界定主要采用余胜泉教授给出的定义,即学习者在自己需要学习的任何时间、任何地点通过移动设备(如手机、具有无线通信模块的PDA等)及无线通信网络获取学习资源,与他人进行交流和协作,实现个人与社会知识建构的过程。

(二)移动学习资源

单纯从移动学习资源来说,移动学习资源分为广义的移动学习资源和狭义的移动学习资源。其中,广义的移动学习资源是指学习者利用便携的移动终端设备能够随时随地通过网络下载或离线下载而获取的学习资源及学习服务。狭义的移动学习资源是指根据学习目标、学习者特征分析等教学设计前期分析,选取恰当的教学策略,并对学习内容进行分析,进而设计出能够支持开展移动学习活动的数字化信息及其对应的服务。

(三)翻转课堂

翻转课堂源自英语"Flipped Classroom",译法不同,除翻转课堂这一翻译外,还被翻译成颠倒教室、翻转教学等。本书主要采用"翻转课堂"这一译法。

2014年NMC地平线报告指出翻转课堂是"在1~2年的时间内可能产生影响的技术",并对翻转课堂给出了如下定义:翻转课堂是指如何重新安排课内外时间,把学习主动权从教师转移到学生的一种学习模式。在该模式中,宝贵的课堂时间被用于更为主动的基于项目的学习。学生通过合作解决本地或全球面临的挑战,或其他现实生活的应用,以获得对主题更深入的理解。

翻转课堂是相对于传统课堂的"翻转",即不同于或完全相反于传统课堂的"课上教师授课+课后学生做题"的模式,翻转课堂采用"课前学生自学+课上小组讨论+课后自主拓展"的模式。

二、学习资源的内涵

学习资源一直被认为是教育技术学最重要的研究对象之一,并一直受到研者的重点关注,对学习资源能够有正确的认识和理解,是开发优质教学资源的前提,也是教育技术研究实践中的一项重要任务。学习资源的定义为:能帮助个人有效学习和操作的任何东西。该定义同时也指出学习资源应包括学习教学材料、支持系统与学习教学环境等,如图3-1所示。

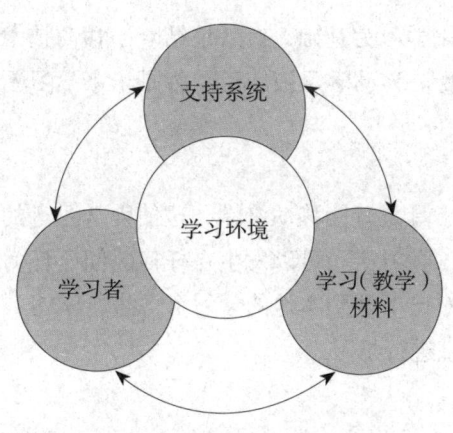

图3-1　学习资源

(一)学习(教学)材料

学习者在学习过程中使用的客体均可以称为学习材料,因此,学习材料与学生发生最直接的联系。学习材料具体是指针对特定的教学要求及目标的,包含了大量的教育信息,可以用于教学、促进学习,并包含及能创造出一定教育价值的各类信息资源。信息化学习材料是指以数字化形式存在的学习材料,包括学生和教师在学习与教学过程中使用到的各种数字化的素材、软件及补充材料等。本研究涉及的是移动学习资源,主要是指学习者在移动学习过程中所需要用到的学习材料。

(二)支持系统

帮助学习者进行有效学习的所有条件,我们均可以归为学习支持系统,学习者学习过程中所使用的设备,以及各种教务人员和管理人员的支持等,这些支持条件是学习者与学习资源有效沟通的基础,可以将学习者与学习资源及教学目标紧密关联在一起。

(三)学习环境

包括学习者进行学习的物理环境,如学习发生的地点、学习中使用到的物理设备等，同时也包括学习者与学习支持系统及学习者与教学材料进行沟通、交流过程中所产生的心理与情感上形成的氛围，是在学习过程开展时各种元素交互相互作用中产生的效果。

三、移动学习的特点

移动学习以数字化学习为基础，有效地结合了移动技术，带给学习者随时随地进行学习的全新感受。移动学习被广泛认为是未来学习不可缺少的一种学习模式，其主要特点如下：

（一）移动性

移动学习的学习工具是智能移动终端，这使得学习者的学习活动不再局限在某个固定的场景之下，学习活动可以发生在任何时间、任何地点。学习者通过移动设备可以随时随地对已下载到本地的学习资源进行学习，同时也可以通过无线网络获取网络上的信息进行学习。

（二）个性化

学习者的基础、学习动机与学习风格各不相同，因材施教的教育是历代教育学家所追求的一种理念，传统教育在这方面有其先天的不足之处，而移动终端的私有性和学习者之间在个性上的差异，注定了移动学习具有个性化的特点。移动学习不仅可以使学习者实现随时随地的学习，还可以帮助学习者依据自己的兴趣、特点及需求自定学习内容、步调和进度。

（三）情境性

学习不只是被动地接受知识，更是一种知识的内化，即在原有知识的基础上建构新的知识。情境认知与学习理论认为，只有在有意义的实际情境中学习才是真正的学习，才能真正促使知识的建构，帮助学习者真正掌握知识。移动学习过程中，学习者可能处于任何实际的情境中，可以针对实际生活中遇到的问题进行知识的学习，理解知识的本质。

（四）协作性

远程学习过程中，学习过程中的情感教育一直是备受关注的问题。在移动学习中，学习者之间可以基于移动网络的多种渠道，实现资源的共享和高效交流，也可以进行面对面的即时互动，而且学习者与教师之间的反馈与评价也是灵活多样的。

四、移动学习的应用模式

移动学习的典型框架一般分为表示层、业务逻辑层、数据服务层。

表示层位于客户端，是学习者与学习资源交互的界面，负责显示本地离线资源及从服务器端获取到的学习资源，并接收用户输入的数据；业务逻辑层处于服务器端，负责接收来自表示层的应用请求，并对请求进行业务逻辑处理，根据业务逻辑处理的结果连接到数据库抓取相应的数据，最后对数据进行分析、处理，并将结果返回给表示层；数据服务层同样处于服务器端，为业务逻辑层提供数据。

基于移动学习的框架，移动学习环境下学习者学习的模式可以分为基于离线资源的学习模式、基于短信服务的移动学习模式和基于在线资源的移动学习模式。

（一）基于离线资源的学习

由于无线通信技术发展不够成熟，以及现阶段移动网络连接费用比较昂贵等原因的限制，在很多地方都不能完成流畅的在线学习，甚至在很多地方完全没有移动通信网络的覆盖。作为移动学习的一种学习模式，离线学习在现阶段的移动学习中起着很重要的作用，使得随时随地的学习在现阶段得以实现。学习者将学习资源下载到自己的移动终端，充分利用零碎的时间实现随时随地的学习。

（二）基于短信服务的移动学习

基于短信服务的移动学习模式，是指学习者通过使用短信息的传送对各种教学要素进行学习。学习者可以利用移动终端将短信息发送给其他学习者、教师及移动学习系统平台的服务器，同时服务器可以对学习者发送的短信息内容进行进一步的分析和处理并发回给学习者，以完成与学习者之间的交互。在该模式中，学习者可以使用具备短信收发功能的移动终端，有效地与其他学习者、教师和服务器进行交流并完成学习，而且不会受到时间和地点的限制。

（三）基于在线资源的移动学习

无线网络技术的逐步发展为基于在线的学习模式提供了技术支撑，在这种模式下，学习者可以像使用计算机或者手机进行远程学习一样，与服务器进行连接，浏览课程网站的内容、下载多媒体学习资源，也可以通过论坛、微博等与其他学习者和教师进行交流，进行简单的信息查询并获取信息，同时又使得移动学习具备了传统远程学习所不具备的移动性和便携性。随着移动终端的不断发展与更新，移动终端的功能及移动学习软件越来越丰富，学习者可以有更多不同的学习体验及更加多样、逼真的交流方法，从而达到更好的学习效果。

五、移动学习的资源分类

网络学习及移动学习均为远程教育的学习模式，同时，移动学习是对网络学习的一种延伸与发展。网络学习资源是指学习者以计算机为载体，利用计算机网络进行远程学习时所运用到的各种信息资源。

移动学习资源则是指移动学习过程中所使用的各种资源。移动学习常见的学习资源的形式有三种：一是短信形式，这种形式的学习资源信息量小且内容简洁，有字数限制，形式也比较单一，主要是以有限的文字来传递学习内容与信息等；二是以网页浏览的方式获取学习信息的学习资源，与网络学习资源相类似，不同的是移动学习中此类资源获取是通过移动学习终端获取并显示的；三是移动学习终端支持的可以独立离线存放并显示的学习资源，如传递教学信息的文本文件、视音频、动画及移动教育游戏等各种学习素材与课件。随着移动通信技术和移动学习终端的不断发展，会涌现出各种各样的移动学习资源，使得移动学习开展时有更多的选择。移动学习与网络学习都是数字化学习的学习模式，移动学习资源与网络学习资源拥有很多相似的特点，但由于移动学习是在移动学习终端上进行学习，所以其拥有自身固有的特征。移动学习资源相对于网络学习资源来说，也有很多不同的特点，主要有下几个方面：

（一）学习对象的差异

无论是网络学习还是移动学习，它们面向的最主要的学习对象还是青少年这一群体，同时也都可以作为继续教育为不同年龄、各种职业的人提供学习机会。然而，由网络学习的特点我们可以看出，网络学习资源可以集中地提供大量的信息，同时与移动学习相比，可以提供较为庞大而详细的学习知识和系统讲解，内容也较为丰富；而移动学习则由于其移动终端的特点，学习内容简洁，同时学习时间被分为片段，可以帮助学习者随时随地地学习，学习者可以在各种学习场景中进行移动学习，学习对象的个性化也得到了充分体现。无论是移动学习还是网络学习，学习资源都要依据学习对象的不同，为学习者提供相应的学习策略及学习材料，帮助学习者更好地汲取知识。

（二）学习资源的呈现方式

移动学习是学习者通过智能移动终端进行学习的，因此，移动学习资源的呈现方式受到移动终端的影响，其呈现方式较为简洁，呈现内容根据性强，同时受到移动终端的限制，如显示屏格较小、处理能力有限及电池续航能力较短等，它的呈现一般较为简短，学习内容页面比较小，且导航简单。移动学习资源内容的呈现方式主要以文本、图片和简单的动画、视频为主，同时可以安装一些移动学习软件帮助学习者进行学习。

（三）学习材料内容承载量大小

移动学习与网络学习的最显著的区别在于，网络学习是在计算机上进行的学习，而移动学习的学习工具是学习者拥有的移动学习终端，因此在学习内容承载量上、移动学习资源与网络学习资源的呈现上也存在着很大的差别。网络学习资源一般数据承载量比较大，是建立在完整的课程或主题上开展的，学习内容能比较系统地呈现出来。移动学习资源则较为灵活，内容简单明了，学习者可以随机地获取学习信息，对信息的反馈速度要求较高，这也充分体现出移动学习的特点，帮助学习者随时随地地学习知识。因此，在设计和开发的过程中，移动学习资源应该充分地考虑这些因素，将整体的知识进行模块化的分割，实现知识内容的碎片化，将知识以一个个小的知识点呈现给学习者，更加适合移动学习的学习过程。

六、移动学习的资源特点与种类

（一）移动学习资源的特点

如上所述，移动学习资源和网络学习资源都包含于数字化学习资源、概念之中，而且它们之间的归类划分也存在着很多重合的部分，移动学习资源是在网络学习资源的基础上与移动学习的特点相结合得来的，只是获取的形式以及呈现的工具不同。但是，为帮助学习者实现随时随地的学习，移动学习资源也有其自身的特点。

1. 内容简洁明了

移动学习发生的过程中，学习者往往处于一种不确定的环境和状态中，学习者时间往往也比较零碎，周围经常会产生一些不利于学习者学习的因素，学习者的注意力不集中、专注程度不够是经常容易出现的状况。因此，移动学习资源应尽可能降低对学习者这些方面的要求，学习内容应尽量简洁明了，避免多余信息，突出知识的重点。

2. 媒体短小精悍

在移动学习中，学习者不仅受到周围环境的影响，同时也会受到学习媒体接收过程的影响。在移动学习中学习者主要是通过智能移动终端，利用无线网线接收学习媒体与信息，对学习资源访问、学习的前提是要获取到这些资源信息。移动学习资源的获取受到网络环境和设备的较大限制，如果学习者获取资源速度很慢,容易使学习者产生心理与情感上的厌倦感,导致学习的失败。因此,移动学习资源应该尽可能地短小精悍,承载量不应过大,使学习者能够迅速获取与访问。

3. 满足个性化学习

移动学习相比以往的学习方式,应更加注重学习者的个性化学习。应该可以使学习者依据个人知识结构、兴趣爱好来选择个人喜欢的学习内容与学习呈现形式。因此,移动学习资源在设计与开发的过程中应充分考虑学习群体的特点,设计多样化的学习资源,实现学习者的个性化学习。

4. 交互的及时性

在学习发生的过程中,学习者与任何学习要素的交互都会在一定程度上影响学习者的学习效果,如学习者与学习者之间可以相互交流学习经验和学习体会,通过与教师的交互,学习者可以迅速解决在学习过程中遇到的问题。移动学习资源也应该具有及时的交互性。在移动学习中,学习者可以通过移动通信技术实现与其他学习者、教师及教学资源的交互,同时也可以通过网络获取各种需要的信息。

(二)移动学习资源的种类

学习资源拥有多种形式的呈现方式是教学过程的基本要求之一,同时,学习资源往往会依据不同的学习要求和知识内容被设计为各种不同的形式。移动学习中,学习者使用不同的移动学习终端,对各种形式的学习资源的支持度也各不一样,他们只能获取与其学习终端相对应的学习资源形式。因此,在移动学习资源的开发过程中,我们应充分考虑到各种终端的不同,设计出满足相应设备的资源形式,同时也应依据各种设备的不同选择不同的信息承载和传递方式。不同的承载方式所包含的知识背景和产生的学习效果也会有很大的不同。我们现在将移动学习资源承载方式的不同进行分类,并对不同的承载方式进行分析,以便为移动学习资源设计开发提供清晰的思路和重要的参考。本书对移动学习资源进行的种类总结的结果如表3-1所示。

表3-1 移动学习资源的种类

承载方式	特点及优势	缺点与不足
短信	1. 适合文字信息描述 2. 接近人们习惯,容易实现	1. 信息量小,有字数限制 2. 呈现形式单一,不生动

续 表

承载方式	特点及优势	缺点与不足
彩信	1. 媒体丰富，多媒体效果 2. 呈现形式生动有趣	1. 传播速度相对较慢 2. 手机需要开通该功能
网页	1. 多种媒体，信息量大 2. 符合网上学习习惯 3. 比较容易实现	1. 受网络宽带影响 2. 需要开通网络链接功能
动画	1. 呈现方式有趣，有吸引力 2. 对宽带要求相对较小	1. 制作时间较长 2. 需要相应的播放器
视音频	1. 表现力强，可以把信息较为准确地呈现出来 2. 对学习者有很强的吸引力	1. 受网络宽带影响较大 2. 文件较大，对空间要求较高 3. 需要相应的播放器

第二节　移动学习的资源设计

一、翻转课堂中的移动学习资源设计

（一）翻转课堂典型模式比较分析

翻转课堂以互联网为学习工具来实现教学流程、教学技巧、教学步骤的调整和重组，从而实现了学与教、师与生、课内与课外、讲授与自学等组织形式的转变，是混合学习的具体实施方案。

自翻转课堂萌芽以来，国内外的学者们纷纷研究翻转课堂教学模式的构建与应用，也因此涌现出许多经典的教学模式。

在国外，美国博伊西州立大学Jackie Gerstein围绕知识内化过程设计的四象限翻转课堂环绕模型、美国富兰克林学院Robert Talbert总结线性代数翻转课堂授课实践绘制的两阶段模型等典型案例都由国内学者引入，并做了相关介绍。

在国内，曾贞较早对翻转课堂以教学图示的方式进行了阐释；张金磊等学者在较早的时期绘制了相对系统、详尽的翻转课堂教学模型；王红等人的设计模型进一步细化了翻转课堂的教学流程；钟晓流等人的太极环式模型在设计中开始融入中国文化元素；张新明等人在QQ群和平板电脑的基础上，设计了初具技术特

色的翻转课堂模型；汪晓东、蔡建东等研究者分别结合自身所授课程，开展了翻转课堂教学模型的设计和实践研究。

以下是笔者整理的对目前国内外经典翻转课堂模式的精简介绍。

1.Robert Talbert 翻转课堂教学模型

Robert Talbert 在线性代数课程教学中，采用了翻转课堂教学方法。其绘制的结构模型清晰地将翻转课堂教学过程划分为"课前"和"课中"两个阶段，整体教学流程直观，便于研究人员对关键环节一目了然。他使用录屏软件制作教学视频并设计具有针对性的习题以供学生在课前观看和练习，课中先进行少量和快速的评测，了解学生在课前自学过程中的问题，然后以学生在测验中的集中问题为导向为学生解答问题，促进学生的知识内化，最后对学生的学习成果进行总结反馈。

2.曾贞的翻转课堂教学模型

曾贞在国外学者对翻转教学一般特征、教学实践的研究基础上，对翻转教学的关键步骤做出了描述，如图 3-2 所示。

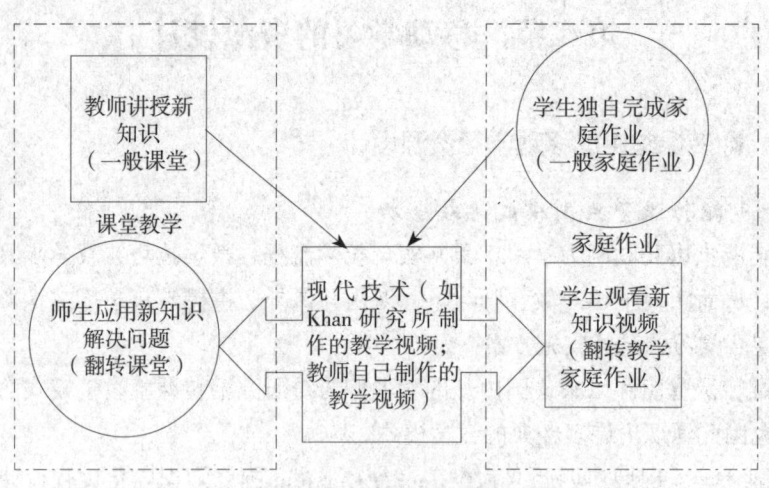

图 3-2　翻转教学的步骤

从图 3-2 中可以看出，曾贞翻转课堂主要有几个关键步骤，即观看视频前的学习＋讨论并提出问题、观看视频时的学习＋根据问题寻找答案、应用并解决问题的学习＋深入问题进行探究。

3.张金磊等人的翻转课堂教学模型

张金磊属于在我国较早开始系统研究翻转课堂的学者，他通过对比传统课堂和翻转课堂中教师、学生、教学形式、课堂内容、技术应用及评价方式这几个要素的区别（表3-2），根据翻转课堂的内涵及建构主义学习理论、系统化教学设计理论，在 Robert Talbert 教授翻转课堂模型的基础上，提出了更为具体的翻转课堂教学模型。

表 3-2　翻转课堂与传统课堂的区别

	传统课堂	翻转课堂
教师	管理课堂、传授知识	指导学习、促进学习
学生	被动接受	主动研究
教学模式	课堂讲解+课后作业	课前学习+课堂探究
课堂内容	知识内容的传授和讲解	问题的探究
技术应用	内容展示	自主学习+交流反思、协作探究工具
评价方式	单一知识测试	多方式、多角度

该模型主要由课前学习和课中学习两部分组成。在这两个学习过程中，翻转课堂的学习环境的创设主要依靠活动学习和信息技术，即通过信息技术支撑学习活动的开展来创建支持协作学习的个性化学习环境。在课前学习模块中，学习资源主要包括教学视频的观看和课前针对性练习；在课堂学习模块中，主要包括学生在课前学习中问题的确定、学生对问题的独立探索、协作学习和成果交流及最后的反馈评价，如图 3-3 所示。

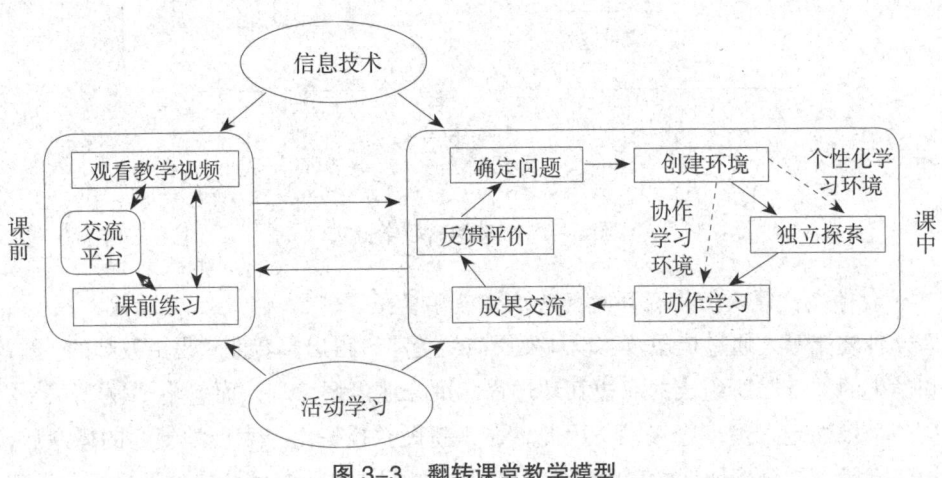

图 3-3　翻转课堂教学模型

4. 王红、赵巧等人的翻转课堂教学模型

王红、赵巧等学者在分析了国内外有关翻转课堂的典型案例后，在 Robert Talbert 翻转课堂模型的基础上构建出了更加完善的翻转课堂模型。在该翻转课堂模型中，信息技术和活动学习是翻转课堂学习模式的两个关键的组成部分，它们共同影响着学生的个性化学习环境，帮助学生在课外进行自主学习，在课内进行协作学习。课前，教师为学生制作适合学生进行个性化自主学习的教学视频和课前练习，学生通过自主观看视频、针对性练习题和利用社交媒体与老师和同学进行交流来完成课前活动；课中，教师通过确定研究问题、让学生独立解决问题、协作探究活动、成果展示交流和教学评价反馈等课堂活动来帮助学生内化和理解知识。具体模型如图 3-4 所示。

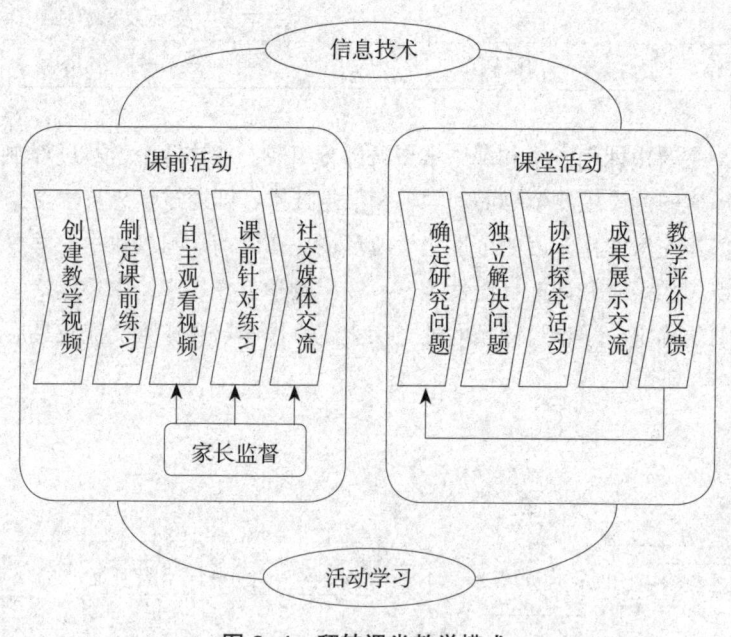

图 3-4　翻转课堂教学模式

5. 钟晓流等人的太极环式翻转课堂教学模型

钟晓流等人通过梳理教学设计发展演变趋势，得出翻转课堂是由教师的"教"和学生的"学"所组成的双边互动过程，过分地强调"学"而忽略"教"，容易从一个极端走入另一个极端。因此，在张新民教授提出"太极学堂"的概念后，钟晓流等人结合翻转课堂理念、本·杰明·布鲁姆在认知领域的教学目标分类理论及中国传统文化的太极思想，构建了一个独特的太极环式翻转课堂教学模型。此模型的独特之处在于其没有将教学过程分为"课前"和"课中"两个相对独立的部分，而是利用了太极图的形式巧妙地做出了"课上时间"与"课下时间"的区分，突出了教学过程"教中有学、学中有教、教学相长"的特点。太极环式模型将翻转课堂分为四个阶段：教学准备、记忆理解、应用分析、综合评价，并提出了翻转课堂不一定非在信息化的环境下运行，但是信息化教学环境为翻转课堂提供了丰富的教学资源和全方位的交互形式，比传统的教学环境更能充分调动学生学习的积极性和主动性。

通过对翻转课堂各经典模型的整理可以得出，各学者对以下观点达成了一致：翻转课堂的教学环节主要分为课前和课中两个环节，课前的学习资源主要由教师提供的授课视频、指导性练习两部分组成。

在前面介绍的翻转课堂教学模型中，各学者主要强调教学活动的调整和重组，在模式设计上，主要将精力放在了如何设计和组织教学活动上，而关于学习环境的创设大多是一笔带过。张金磊等人的翻转课堂教学模型和王红、赵巧等人的翻转课堂教学模型虽然考虑了信息技术的因素，但并没有将信息技术区分和细化，只是简单地介绍了在制作学习资源和设计翻转课堂的教学活动时要借助信息技术手段来辅助教学，没有考虑到在不同的学习环境中，学生的学习活动和教师的教学活动都会发生变化，这些变化也必然会影响学习资源的设计。因此，在进行移动学习资源设计研究时，其所处的环境也必然是能够支持移动学习的。

（二）移动学习环境下的翻转课堂模式

对于学习者来说，翻转课堂的课前学习不仅仅体现在时间的自由性上，还体现在空间的自由性方面，即学习地点自由。在翻转课堂学习者对课前学习场所倾向的调查中发现，被调查者对课前学习场所的选择呈现出多样化的特点：47%的被调查者表示想在教室和图书馆进行课前学习，22%的被调查者表示想在机房进行课前学习，31%的被调查者表示想在户外等其他任何其想要进行学习的地方进行课前学习。学习者进行课前学习场所的不固定也就意味教学设计者们需要营造一个便于学习者"移动"的课前学习环境，即移动学习环境（指由移动远程教育技术生成的一类适于进行远程学习的虚拟环境）。在课中，虽然学习者的学习场所相对比较固定，学习节奏主要由教师进行安排和引导，但在进行小组任务的时候，学习者仍需移动学习环境来支持学习者进行知识的查询与检索。

在论述了在翻转课堂中营造移动学习环境的重要性和必要性后，笔者在翻转课堂最为经典的模型 Robert Talbert 翻转课堂教学模型的基础上,结合张金磊等人的翻转课堂教学模型,对移动学习环境下的翻转课堂模式进行了初步构建,如图3-5 所示。

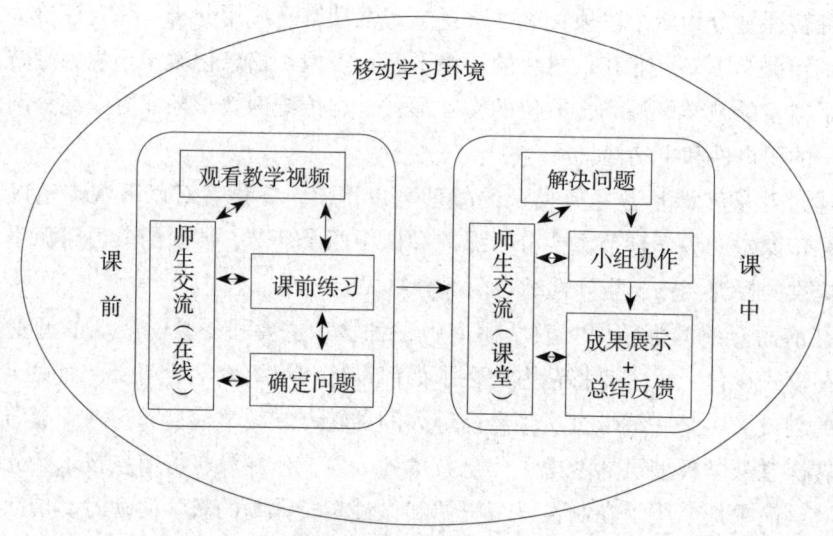

图 3-5　移动环境下的翻转课堂教学模式

在上述模式中,笔者借鉴了 Robert Talbert 对翻转课堂教学环节的基本分类,结构设计上采用了张金磊等人的翻转课堂教学模型结构,即将整个翻转教学过程分为课前和课中两个部分,并按照课前到课中的先后顺序构造教学流程。针对各个环节的具体说明如下:

1. 课前学习

学生利用移动设备自主观看以授课视频为主的电子教案。在翻转课堂中,简单的知识传授过程在课前完成。以授课视频为主的电子教案是知识的重要载体,电子教案最好由课程主讲教师来制作,这样有助于与教师设定的教学内容和教学目标保持一致,与此同时,教师也可以根据学生的不同情况来及时调整教学视频,制作具有针对性的电子教案资源。在教师精力有限或教学资源充足的情况下,教师也可以使用网络上与自己教学内容和教学目标相符的优秀教学资源。

学生在移动设备上进行有针对性的课前练习,师生确定问题。翻转课堂中的课前练习环节通常是学生进行自我检查,进行形成性评价的环节,同时教师通过监控学生课前练习的情况，了解学生对每个知识点的掌握程度，确定学生在学习中集中存在的问题，以便于后续教师根据学生存在的集中问题进行讲解，而学生在进行课前练习的同时会进行学习效果的自我反馈，确定自己的问题点。

师生利用移动通信工具在线交流。学生在课前学习中，难免会产生各种各样的疑问，需要跟老师或同学进行交流。一般在课前学习中，师生甚至是生生都不在同一个场所，因此需要借助移动设备上的网络 IM（Instant Media）工具进行交流，此时的交流是在线的。这种课前形式的交流不仅有助于学生更好地消化和学习知识，也有利于老师把握学生的学习进度和在课前学习中遇到的问题等，以便老师及时调整教学方案。这种交流可以发生在学生进行课前学习的各个环节中。

在本模型的课前学习模块中，有一个不同于其他翻转课堂模型之处，即观看教学视频、课前练习、确定问题是一个双向的过程。此处主要是借助可汗学院所使用的翻转课堂形式，在可汗学院提供的在线学习平台中，学生如果无法通过该知识点的测验题，将无法进行下一部分知识的学习，建议重新学习这一知识点。本模型主要将传统课堂教学内容中的若干知识点按照教学设计和学习内容划分成若干知识模块，为每个模块设定测试题，并将测试结果告知学生，学生即可知道自身问题所在，但是学生只有通过测试才能进行下一个知识模块的学习，否则可以选择重新学习这一部分的内容或者重新进行测试。这个过程主要帮助学生巩固所学知识，以及帮助教师和学生更好地了解自己在这一知识点的问题所在，避免传统课堂中学生无法及时了解自己到底掌握了多少知识，老师在单元考试结束前对学生的学习情况一无所知，以及后进生跟不上进度、优等生觉得单调无聊的情况出现。

2. 课中学习

教师讲解学生课前学习问题，学生通过知识内化解决问题。在本模型的课中阶段，教师将收集到的学生的共性问题集中进行讲解，为学生答疑解惑，帮助学生完成知识的内化。

（1）小组协作。教师发布小组任务，学生通过协作学习共同完成任务。学习协作活动有利于发展学生个体的思维能力、增强学生个体之间的沟通能力及学生间的包容能力。小组人数不宜过多，2～5个人一组为宜，防止出现因人数过多而导致部分同学"搭便车"，或因人数过少而完不成任务的情况。在翻转课堂中，小组协作具有以下优势：每位学生都可以充分参与到活动中；允许和鼓励学生以"低风险""无威胁"的方式参与，保证每位学生的参与都是有意义的；为参与者提供了与同伴交流机会的同时，帮助参与者随时检验自己想法的正确性，以便于及时纠正错误想法；提供多种解决问题的策略，集思广益。在小组协作过程中，教师要进行适当的指导，选择合适的交互策略，保证小组协作活动有效展开，同时也可以解答同学们在小组活动过程中提出的问题。

（2）成果展示与总结反馈。小组协作完成后，教师可以指定学生或由学生自荐上台汇报协作成果，教师在学生汇报完成后应给予适当的点评和总结，促进学生对知识的进一步内化。对学习成果的评价也在本环节展开，翻转课堂不应只注重对学习效果的评价，还应综合对学习过程的评价，真正做到定量评价和定性评价相结合，评价方式也可由传统的单一评价发展为教师评价、同学互评、自我评价等多种评价相结合得出结论的方式。

（3）师生课堂交流。在课中，师生或生生是处于同一空间的，教师与学生之间或同学与同学之间可以很方便地进行交流，而不需要再借助移动工具。

从上述模型中不难看出，在以移动通信设备为支持的移动学习环境中，学生在课前的学习变得更加便捷。在移动学习环境下，学生的学习时间被大大延长了，他们不仅可以规划一整段的时间进行学习，也可以利用碎片化的时间进行学习，这是其他环境（如基于私有云的 E-learning 学习环境）在翻转课堂中不能提供给学习者的。不仅如此，在传统课堂中，知识传授这一简单的教学过程占据了学生和老师的大部分时间，而在课下，学生通过做作业来完成知识内化这一复杂的教学过程。通常因为学生的作业任务重而被应付了事，抑或是某些学生真正想要学习的时候发现身边无人能够辅助自己，无论是教科书还是其他学习资源，甚至是功能强大的移动设备都无法十分有效地解决自己的问题。

总而言之，移动学习环境下的翻转课堂模型不仅可以帮助教师更好地开展翻转课堂教学活动，还可以让学生在翻转课堂中更有效地进行课前学习。此外，在课中，当学生身边缺乏教学资源时，移动设备为学生主动获取教学资源提供了有力支撑。

二、翻转课堂中的移动学习资源设计模型

（一）移动学习资源典型设计比较分析

移动学习作为 21 世纪新式学习方法，早在移动互联网的热潮到来之前就在国内外学术界蔚然成风。由于移动学习场所的多样性，决定了为其设计一套通用的教学设计模式的复杂性。然而许多研究人员在实践的基础上不断总结经验，结

合移动学习理论，从各自不同的角度提出了关于移动学习的设计模式或流程。

高立坤、赵宏认为移动学习是作为数字学习之后的一种全新的学习模式，他们在分析了移动学习的特征之后，提出了移动学习教学设计应遵循的基本原则，即教学单元要短、教学目标要简化、教学单元封装性要好、教学设计思维开放化等，并给出SOHO（Small Office Home Office）教师的概念。关于移动学习资源的部分，他们认为移动学习的课程材料的制作者是SOHO教师。SOHO教师要分析学习者的特征，一般包含对学习者的知识基础、认知能力和认知结构变量等三方面的分析，还要包括学生现在非常想学习的内容。这是不同于课堂教学的一部分，这一部分直接决定了课程的使用率。SOHO教师要科学地分析现在学生想学哪些知识。在分析学习者特征的基础上，制作适合学习者学习的学习资源。张博夫、杨简等人提出了在泛在学习环境下高校移动学习资源的设计模式。

上述模型指出，进行移动学习资源设计时应遵循兴趣原则、片段化原则、交互性原则、简洁化原则和规范化原则。在设计的前期分析中，应根据移动设备的特性，进行学习者分析和学习内容分析，并根据分析结果，对资源的知识结构、学习策略、呈现形式进行设计，最终按照设计方案，进行移动学习资源的开发、实施及评价。

郑燕林、李卢一等学者提出了在SECI模型视角下移动学习资源的设计研究，指出SECI模型视角下"知识性"设计、"人性化"设计、"情境化"设计和"交互性"设计是移动学习资源设计的重点。他们认为，在SECI模型视角下，移动学习资源的设计是一个具有社会性、动态管理知识的过程，而不再是技术性的、管理信息的过程。在知识管理方面，该模型重视学习者个人知识的管理和学习者群体智慧的开采与利用；在知识性质方面，重视整理和集成显性知识，开采和利用隐性知识；在移动学习资源设计方面，重视新资源内容的开发和已有资源的整合和二次开发。郑燕林、李卢一等学者认为，从知识管理的角度来看，资源的设计者们在设计移动学习资源的过程中，通过加深对移动学习者个性化和社会化学习需求、移动学习情境及移动学习过程的了解，所设计的移动学习资源能够更加切实地满足学习者在移动学习时的需求。

通过对上述各学者及他学者研究提出的移动学习资源教学设计中可以得出，进行移动学习资源教学设计时，除了要进行传统学习资源教学设计，如学习目标分析、学习者特征分析、学习内容分析、教学策略的制定、教学评价的设计等，还应遵循以下几个原则：一是教学设计思维要开放化，以适应不同学生的不同需求，培养学生的创新能力。二是教学资源片段化。移动学习资源的最大特点是其移动性，即随时随地能够满足学生的学习需求，学生进行移动学习时间的零散性、学习场所的不固定性都决定了学生进行的移动学习只能是非正式学习，因此移动学习资源必须片段化。三是教学目标要量化。由于进行移动学习的学生大部分时间是以自学为主，因此每一个教学资源的教学目标不宜定得过高，且必须要明确、具有针对性，必要时可以使用一定练习或其他方法把教学目标量化，让学生切实体会到学习成果。四是教学资源要有交互性。学习者在进行移动学习中，通常身边没有可供交流的学习伙伴，仅仅是静态不具有交互性的学习资源，必然无法吸引学习者的注意力，使学习变得索然无味，因此良好的交互设计是提高学习者学习效率的重要保证。五是学习资源应融入合适的教学策略。移动学习是一种典型的以学为主的学习方式，应将以学为主的教学策略融入教学设计。

（二）翻转课堂中移动学习资源设计模型

分析了上述各学者的移动学习资源设计模型，结合翻转课堂和移动学习的相关研究，笔者认为在翻转课堂中，学习者是整个学习过程的中心，移动学习资源设计应该以提升学习者的学习效果和帮助学习者更好地进行个性化学习为目的。

根据移动学习非正式学习理论、情境认知与学习理论，结合翻转课堂注重学习者个人发展和个人建构的特点，本研究认为，翻转课堂中的移动学习资源设计应先将总的学习单元划分为各个子学习单元，然后在移动设备特性分析的基础上，按照以学为主的教学设计步骤针对各个学习单元进行教学设计，最后根据所要呈现的教学内容进行呈现形式设计。其内涵可用如下教学模型表示：

$$M=F(K, D, T, I)$$

其中，M代表翻转课堂中移动学习资源设计模型，参数K（Knowledge）代表学习单元划分，参数D（Device）代表移动设备特性分析，T（Teaching）代表教学设计，I（Interface）代表资源的呈现形式设计，F是一个行为函数，其功能是综合移动设备特性、学习单元的拆分结果、适用于翻转课堂的资源教学设计及呈现形式设计，进而制作出适用于翻转课堂的移动学习资源。

将总的学习单元K划分成各个子学习单元时，各个子学习单元中应包含授课视频、例题分析、课后练习等资源类型，这样做不仅可以更好地为学习者提供移动学习服务，也可以辅助教师把握学习者的学习进度。

选择相关设备进行学习时应考虑到设备的移动性、屏幕的各项参数，如尺寸、比例和分辨率等，以及移动设备界面元素颜色、大小对学习者造成的影响等。

资源的教学设计遵循系统化的教学设计，分为前期分析（包括学习目标分析、学习者特征分析、学习内容分析）、学习环境设计、学习策略设计、学习评价设计。资源的呈现形式设计应包括功能设计、界面设计和交互设计，其顺序是先确定资源的功能设计，再明确资源界面设计和交互设计。

行为函数 F 的作用是确定上述模型中的组成因素后，对划分完成的各个子学习单元进行移动设备特性分析，教学设计和呈现形式设计使教学设计在提升学习者学习效果的同时又必须以适用于移动设备来呈现，呈现形式设计要符合教学设计的目的，以便帮助提升教学质量。

（三）资源教学设计

1. 设计目标

明确的设计目标是我们在进行后续一系列设计工作时需要遵循的总则规范，为我们的设计过程提供参考。通过翻转课堂中移动学习资源的设计，我们旨在实现以下几个目标：

（1）学习资源能有效帮助学习者学习。

移动学习资源要能真正有效地帮助学习者在翻转课堂中进行学习，学习内容与课程内容相符合，遵循移动学习和翻转课堂的相关理论，满足学习者的学习需求，激发学习者的学习兴趣，保持学习者在学习过程中的注意力，帮助学习者通过学习达到学习目标。

（2）有利于培养学习者自主、协作等学习能力。

移动学习是典型的以学为主的学习方式，而在翻转课堂中，学习者在课前学习中基本依靠学习者自学，课中要与小组成员进行协作学习。随着学习资源越来越多，自学能力和协作学习能力必然是一个学习者的基本能力。

（3）转变学习者的学习理念。

翻转课堂作为一种全新的教学模式，以颠覆传统课堂为主要特点已经强势进入各大、中、小学校。在此之前，传统课堂这种教学形式已经持续了上百年，传统理念已经深深植根于各大教学设计者和学习者的头脑中，并严重左右着学习者的学习风格和学习习惯，而传统课堂由于无法适应个性化学习、一味强调灌输式教育而导致教学效率无法提高，必将被翻转课堂所替代。因此，当学生在翻转课堂中进行学习时，教师或教学设计者不仅仅要让学生获取知识，也要转变学生在传统课堂中形成的学习理念，向翻转课堂这种新式学习理念过渡。

2. 设计原则

根据对移动学习资源的分析得出的结论，结合翻转课堂教学模式的特点和移动学习资源教学设计的目标，笔者认为，用于翻转课堂的移动学习资源教学设计应遵循以下几条原则：

（1）教学目标要量化，具有针对性并巧隐于教学内容中。

在本次需求分析调查中，仅有33%的被调查者表示希望移动学习软件提供学习目标指南。学习者在进行移动学习时，主要处于移动状态，学习方式以自学和协作学习为主，加之翻转课堂中移动学习情境本就与传统课堂中的学习情境不同，不宜将教学目标直接陈列在学生面前。除此之外，学生本就对"知道""了解""运用""分析"等教学目标词汇没有明确的概念，晦涩的教学目标对学习者来说没有太大的作用。教师或教学设计者应将教学目标量化在课后练习或小测验中，这样不仅可以使学习者理解教学目标是什么，也可以让教师或学习者了解自己是否已经达到了教学目标。

（2）教学内容短小，封装性要好。

斯坦福大学学习实验室发现移动学习者很容易受到外界的影响，他们无法长时间保持注意力的集中。针对这一问题，他们在设计学习模块时从时间上加以把握，每个学习模块持续的时间被控制在30秒到10分钟之间，这与本次分析调查结果中被调查者表示希望每段学习资源的长度保持在5～10分钟的结论保持一致。不受时间和空间的限制、随时随地地进行学习是移动学习最大的优点，但其缺陷是移动学习者在进行学习时的学习环境往往不如正规学习的学习环境，移动学习较容易受到干扰，过长的学习过程很容易被打断。因此，这就要求移动学习资源在能够讲清知识点的情况下必须尽量短小，且与其他内容的关系不要太过密切，每个学习单元要保持相对独立，具有良好的封装性。

（3）充分利用教学策略，保持与学生的交互。

在翻转课堂的课前学习中，学习者的学习目标不应仅限于知道的层面，教师或教学设计者应充分利用教学策略帮助学生达到更高的学习目标。移动学习是典型的以学为主的学习方式，在选择教学策略时，可以选择启发式教学策略、支架式教学策略、抛锚式教学策略、自我反馈式教学策略等以学为主的教学策略，善于利用学习者的"最近发展区"，为学习者创建学习情境，不断地给予学习者可激发学习投入的、持续的刺激和反馈，保持学生的注意力不被周围其他学习环境所分散，以弥补非正式学习的弊端，增加移动学习的有效性。

（4）教学资源类型丰富且多媒体化。

目前，可用于教学的学习媒体种类繁多，主要类型有文本、图片、音频、视频、动画等。根据需求分析中学习者对于媒体类型偏好的调查表明，学习者更喜欢视频、文本、图片这种媒体类型，但不同的媒体适合呈现不同的学习内容，大多数情况下，同一学习内容一般需要多种不同的媒体类型有机结合来呈现。合适的媒体类型不仅能够更好地呈现教学内容，有效地帮助学习者理解教学内容，还可以为学习者创设轻松愉快的学习氛围，从而激发学习者的学习兴趣，保持学习者的注意力。

（5）多元化教学评价和自由的反馈机制。

移动学习资源中的教学评价一般采用形成性评价方式，意在总结学习者当前的学习效果及改进学习者后面的学习。翻转课堂中的教学评价不仅是对学习者学习效果的评价，还有对学习者各方面能力的评价。除此之外，不仅要对学习者的各方面进行评价，还要对教师、课堂组织形式、教学资源进行评价。因此，翻转课堂中移动学习资源的教学评价是多元化的。在反馈机制方面，学习者在进行移动学习时，应采用即时反馈和延时反馈两者相结合以供学习者自由选择的方式。即时反馈可以帮助学习者快速定位自己的兴趣所在，延时反馈可以给予学习者充足的时间进行思考，两者各有利弊，且在需求调查中，被调查者对反馈方式的偏好并不统一。因此，在答案反馈方面，我们应制定灵活的机制，供学习者根据自己的需求来自主选择。

3.具体设计

在翻转课堂移动学习资源设计模型中，教学设计共分为四个环节：前期分析、学习环境设计、学习策略设计及学习评价设计。其整个设计过程是一个有机结合、彼此制约的过程，即学习环境设计、学习策略设计、学习评价设计是根据前期分析结果而来的，三者彼此制约。学习环境的创设要符合学习者的学习风格并以促进学习内容的内化为目的，学习策略要适应学习环境，学习评价要迎合学习策略，即：

$$T = fl(A, E, S, L)$$

其中，A、E、S、L任意一个均不能为空。

T表示翻转课堂中移动学习资源的教学设计，参数A（Analyst）表示前期分析，E（Environment）表示学习环境设计，S（Strategy）表示学习策略设计，L（Learning Evaluation）表示学习评价设计，fl是一个函数，其功能是综合教学设计的各个环节设计形成教学设计，其中，完整有效的教学设计必须要包含前期分析 A、学习环境设计 E、学习策略设计 S 及学习评价设计 L。

以下是对各个环节的具体说明：

第一，前期分析。

分析主要包括学习者特征分析、学习目标分析、学习内容分析几个部分的内容。

① 学习者特征分析。

在翻转课堂的移动学习中，我们不仅要考虑学习者在单纯的学习方面的认知结构、学习风格及学习动力等，还应考虑学习者在翻转课堂和移动学习上有关学习者特征的方方面面等。例如对于在校学生来说，每个人对于翻转课堂和移动学习的起点水平不同，有些学生已经进行过翻转课堂教学，而有些则还对翻转课堂教学毫无概念。另外，其认知结构对这两种新鲜学习方式和学习模式的适应性也不同：有些学生喜欢新鲜事物、热爱移动学习和翻转课堂；有些则倾向于老式的传统课堂；有些同学具有较强的自我学习驱动力，适合进行移动学习和翻转课堂；有些学生则喜欢被动。

② 学习目标分析。

学习目标分析中，布鲁姆把人类的认知水平分为六类，即知道、领会、应用、分析、综合和评价。对于在翻转课堂中的移动学习来说，移动学习主要用于课前知识的传授与初步知识内化，真正想要学习者达到应用、分析、综合和评价层次的学习主要发生在课中通过老师的答疑和小组协作解决问题的过程中。因此，在设计移动学习资源中，对新的学习内容的学习目标应至少达到知道和领会的程度，这样学生才能在课中的教师答疑与小组协作中有所获益。

③ 学习内容分析。

分析学习内容，即明确学习内容的范围和内容的深度，并反映其各部分之间的联系。移动学习属于自学性质，加之其主要发生在翻转课堂中的课前部分，在划分学习单元时，应将基础的学习内容放在所有学习单元的前面，将延伸的学习内容放在后面，每个学习单元中的学习内容要做到循序渐进，难易程度的比例要均匀，内容要有良好的结构，短小精悍且模块化，各个学习内容之间应有良好的内在逻辑联系。

第二，学习环境设计。

在移动学习环境中，学习的时间、地点、内容和目的是由学习者自己决定的。因此，我们主要研究学习情境的设计，与学习者要有互动，帮助学习者对学习内容进行意义建构，创设问题情境，联系生活的实际情况举例，利用移动设备的多媒体特性，为学生创建一个丰富的学习环境，从而激发学习者的学习兴趣，使其成为移动学习环境的一部分。

第三，学习策略设计。

翻转课堂模式和移动学习是以学为主的教学模式和教学方法，因此，我们要善于运用以学为中心的教学策略，利用学习者的"最近发展区"，帮助学习者进行知识建构，完成知识的传授和知识的内化。而在翻转课堂的课前，知识传授是我们的基本目标，我们不仅要注重学生的学，还要注重教师的教，适当运用以教为主的教学策略。

第四，教学评价设计。

教学评价是以教学目标为导向，检测学生是否达到教学目标的过程。在传统课堂中，根据评价功能的不同，主要可以分为诊断性评价、形成性评价和总结性评价。在翻转课堂中，教师或教学设计者的目标仍然是帮助学习者达到教学目标，因此，传统课堂中的评价形式在翻转课堂中仍有价值。在设计移动学习资源的教学评价环节时，应善于结合形成性评价和诊断性评价，不但方便教师和学习者自己把握学习者的学习效果，而且将形成性评价结果反馈给学习者，便于学习者对知识进行查缺补漏。在教学评价形式方面，要结合即时反馈和延时反馈两种方法并让学习者自主选择。在教学评价渠道方面，在运用课后练习或小测验对学习者学习效果进行评价的同时，还可以运用移动设备上搭载的即时通信软件，实现学习者与教师随时随地的交流，为教师评价学习者的学习态度提供帮助。

第三节 移动学习资源设计的现状分析

一、当前移动学习资源设计中的问题

当前，移动学习的发展并不成熟，但是随着移动通信技术的快速发展，移动学习已经取得了很大的进步。随着国内外专家学者对移动学习相关领域研究的不断深入，也有很多优秀的移动学习资源得到了实践和应用。然而，移动学习毕竟是一种较新的学习方式，移动学习资源的研究也需要逐步发展，现有的移动学习资源中依

然存在不少问题,可用性较差,主要问题表现在以下几个方面:

(一)结构单一

移动学习资源的建设是受到各种因素影响的,当前由于移动通信技术和移动终端等方面的限制,移动学习资源多以占用网络宽带较小的形式设计开发,甚至很大一部分移动学习资源都是网络学习资源的直接搬迁,存放于移动终端中离线运用。不同的媒体有各自的特点,并善于表现某些特定的知识,产生不同的效果,而学习者对不同结构的学习资源也有各自的偏好,因此,结构较为单一的移动学习资源无法保证达到良好的学习效果。同时,由于在移动学习环境中的学习容易受到外部因素的干扰,结构单一的学习资源不容易激发起学习者的学习兴趣,更可能导致学习者不能完成学习任务。另外,受远程学习研究先驱斯坦福大学实验室所开展的以语言学习为首要研究领域的影响,移动学习的应用研究在很长一段时间内都局限于语言类学习,英语移动学习资料占有相当大的比例,这在一定程度上阻碍了学习资源开发的多样性及丰富性。

(二)可移植性差

可移植性一直是数字化学习资源所面对的一个重要问题,尤其是在移动学习中,移动终端的发展日益迅速,各种各样的移动终端厂商都生产出不同标准、不同类型的移动终端,而且这些移动终端支持的操作系统也多种多样,不同的操作系统所支持的应用软件也互不兼容,这些都给移动学习资源的移植性带来了严峻考验。建设移动学习资源时,如果针对操作系统来进行建设,则需要根据各种不同的操作系统建设出不同的版本,这无疑加大了移动学习资源的建设成本,同时智能移动终端的屏幕尺寸的不同也为移动学习资源的建设带来了影响,各种不同的尺寸对学习资源的呈现效果是不同的,学习资源无法即时适应移动终端屏幕尺寸的不同。总之,当前移动学习资源的建设没有一个统一的标准,智能移动终端也存在很大的差异,学习资源的设计与开发都与各种类型的移动终端相依赖,移动学习资源无法得到重复利用,造成了资源的严重浪费,移动学习资源的可移植性是一个亟须解决的问题。

(三)交互性的欠缺

知识是学习者在与他人、环境及学习材料的交互过程中逐渐形成的,这种交互的进行水平将很大程度上决定学习者学习效果的好坏。作为一个新兴的学习模式,移动学习是远程教育一个重要的发展方向,而远程教育中的交互思想相较于传统的教育显得更加重要。交互是指暗示了某种情境中环境、个人与行为方式之间的相互作用。移动学习资源作为移动学习的重要组成部分,它的交互性也是必不可少的,如果移动学习资源缺少了交互性,也就变成了电子书,其学习效果也会大打折扣。受智能终端及移动通信技术的限制,当前的移动学习资源主要是以文本或者动画呈现相应的知识,学习资源缺乏交互性,移动学习管理系统很难跟踪记录学习者的学习效果及反馈信息,再加上移动学习本身在学习时间上的零碎性,就会导致学习者在利用移动学习资源学习知识时容易走神,很难达到有效的学习效果。

二、移动学习资源中相关问题分析

为了更准确地分析移动学习资源中问题存在的原因,我们应从移动学习资源对移动学习中各环节因素的联系进行研究。从移动学习的定义中,我们可以找到四个关键因素:学习者、智能移动终端、教师以及在三者之间充当融合剂使用的移动学习资源。下面我们对移动学习者、智能移动终端和教师各自的特征进行分析,从而可以更清晰地理解移动学习资源存在的问题。

(一)学习者特征

以学习者为中心的思想已经成为教育界公认的理论,在开发任何形式的学习资源之前,都必须先对学习者进行一定的了解与分析,对于移动学习资源的开发也不例外。对移动学习的学习者的需求分析是建设优质学习资源的前提,只有掌握学习者的认知结构和学习状态,并同时对某学习动机、学习目标等做出评估与分析,才能设计开发出更加符合学习者需求的移动学习资源。

移动学习的学习者主要可以分为在校学生及从事各行各业的在职人员。在信息爆炸的时代,很多在职人员都是凭借已有的经验在自己的工作岗位上进行重复单调的工作,他们已经在很大程度上感觉自己跟不上社会的节奏,同时又不甘于现状,希望得到改变,获得重新学习的机会,但又不能像在校学生一样进行整体、有规划的学习,因此只能利用下班时间及平时的零碎时间进行知识的获取。而在校学生拥有相对较多的时间,同时对智能移动终端更加熟悉,拥有较好的移动学习环境,其中很多人都意识到就业的艰难及社会竞争的压力,通过各种各样的途径提高自己的能力,移动学习为这些学习者提供了更加适合的学习途径。

对于学习者需求的分析,主要是从所有学习者的一般特征和学习者个人特征进行分析。每一个学习者都可以归入某一个学习者群体,学习者群体的一般特征包括其年龄、发育程度等生理上的特点及学习者群体的整体性格特征、选择趋向等,可以根据这些特点来判断学习者在移动学习中的学习过程。对于学习者个人特征的分析则对个性化学习的实现有很大的帮助,通过确立学习者学习的起点和目标,对学习者的移动学习情境、学习时间、认知能力、知识结构、学习风格等进行了解分析。综上所述,必须对学习者做出充分的认识与了解,在设计移动学习资源的过程中才能有的放矢,设计出符合移动学习环境下学习者使用的移动学习资源,帮助学习者达到更好的学习效果。

(二)智能移动终端特征

智能移动终端是进行移动学习的工具,同时也是使用移动学习资源进行学习的载体,了解智能移动终端的特征是移动学习资源建设的一个必不可少的环节。在移动学习中,智能移动终端就像网络学习过程中的计算机一样,具有不同的硬件和软件,同时也具有各自不同的性能,学习者可以将移动学习工具接入移动通信网络获取网络信息,同时也可以根据学习的需求在自己的移动工具上安装相应的应用程序,扩展手机的功能。以智能手机和平板电脑为例,本节结合移动学习的特征,对智能移动终端对移动学习资源建设的各种影响进行分析。

智能移动终端对移动学习资源的有利因素包括以下几点:

智能移动终端具有私有性、小体积、便于携带等特点,这是实现随时随地学习的最重要的基础之一,与网络学习中使用的计算机相比,智能移动终端可以随时带在身上,便于携带,使移动学习变为现实。学习者可以在任何零碎的空闲时间进行学习,同时也可以实现更加独特的个性化学习。

终端可以兼容大量第三方应用程序,安装相应的操作系统,能够安装大量的应用软件,这使得移动学习的设计可以像网络学习一样有多种选择,建设丰富的资源。以手机为例,当前大部分手机都支持各种各样的媒体形式,可以同时安装各种新的学习系统等。

随着移动通信技术的发展,无线网络覆盖率已经越来越高,学习者已经可以在很大程度实现随时随地的接入移动网络,访问网络上的学习资源。例如,中国移动、中国联通及中国电信等运营商已经完成了对网络的全面覆盖,并且在很多地区已经实现了网络的大面积覆盖,终端的网络接入功能已经在相当程度上追赶上网络学习中的网络连接功能,这使得移动学习资源的研究者制作出更为丰富的移动学习资源,同时增强了移动学习资源的交互性,提高了学习效率。

智能移动终端对移动学习资源的不利因素包括以下几点:

第一,终端样式多种多样,没有统一标准。当前各种智能移动终端存在很大差异,学习资源的设计与开发都与各种类型的移动终端相依赖,移动学习资源无法得到重复利用，造成了资源的严重浪费。

第二，终端续航能力差，待机时间短。与计算机不同，终端的运行是依靠装入内部的电池来支持的，而由于现在终端功能的不断加强，功耗越来越大，终端续航能力差带来的影响已经越来越大。智能移动终端续航能力差不仅与终端的硬件有关，而且也跟终端使用过程中运行的程序和使用情况密切相关，因此，这也是移动学习资源的研究者在设计移动学习资源时应充分考虑的问题。

第三，无线通信资费较高。虽然移动通信技术发展已使得无线通信的费用减少了很多，但是相对于传统的语音业务来说，移动数据通信业务的资费标准仍旧偏高，在设计移动学习资源时，应该充分考虑如何降低移动学习者的学习成本。

（三）教师的特征

与传统教育和网络教育相比，移动教育中教师的角色发生了更大的变化，移动技术的运用也使得教师能够迅速地适应这些角色。移动教育中的教师应该更加深刻地了解课程知识体系，帮助学习者实现知识学习导航，同时也要深入了解知识运用的场景，将知识信息整合到学习者的实践过程中，并能及时解决学习者在各自不同的实践环境中遇到的问题。在移动教育中，以学习者为中心的教育思想展现得淋漓尽致，教师应该从以往的灌输式教学方法向引导式的教学方法转变，帮助学习者主动参与到实践过程中，使学习者能够独立思考，更多地激发学习者的学习兴趣。在学习者遇到问题时，教师应及时给予指导与反馈，帮助学生理解问题、解决问题，从而使学习者更具主动性，帮助学习者在实践过程中了解到知识的本质。教师除了为学生提供多样化的移动学习资源外，还要时刻对学习者进行情感上的指导与关怀，消除学习者独自学习的恐慌心理，帮助学习者建立自信心，在心理层面上为学习者建设一个好的学习环境。

第四节 移动学习资源的开发

目前，国外的相关研究提出了有关移动学习资源开发的简单原则，如注重开发最适合于听觉、零碎时间、屏幕滚动的技术，移动学习网页内容需要更多的级联菜单。

通过调查和访谈，本研究从大学生移动学习资源利用的现状出发，结合国内外相关研究成果，总结了几点移动学习资源的开发意见，供开发者参考。

一、根据目标群体有针对性地开发学习资源

移动学习在时间、空间上的不确定性是移动学习最大的特点，学习者周围的学习环境不同于安静的教室、宁静的书房和秩序井然的图书馆等固定学习场所，经常移动和环境嘈杂，必然会使学习过程受到干扰。因此，就学习资源的选择来说，必须坚持目标性原则，为不同的目标群体开发适合学习的学习内容，减少学习者因搜寻资源或不感兴趣而造成的更易受干扰的情况。在开发学习资源时，可以适当考虑性别差异，针对不同性别的同学采取不同的教学资源。除了考虑性别因素外，不同目的、不同科目、不同学生对学习资源的要求不同，在开发时尽量考虑目标群体的需求，分析其差异性，从而达到更好的学习效果。

二、学习内容零散，但不缺乏系统构架

在移动学习时，学习者并没有相对完整的学习时间，由于学习时间的零散性，造成学习本身的零散性。如果学习内容如同传统学习一样完整而系统、不易分割，必然会造成很多学习者的学习停留在"第一页"，久而久之，还会带来挫折感。因此，根据学习内容帮助学习者做好分割非常重要，这一点目前已经得到了研究者的普遍承认。首先，应该依据内容关系系统性分割；其次，依据目标学习者的一般学习时间来分。这样做的好处是不但可以将学习内容零散化，让学习者的学习能够逐步提高，而且又能给学习者提供完整的学习内容和知识构架体系，让学习内容保持其系统性。

三、内容上化繁为简，形式上生动但不烦琐

移动手持设备的 CPU 处理能力和内存都是有限的，移动学习者的学习时间又是分散的，并且容易受外界干扰，这些决定了移动学习资源的内容应该是以简单为主，复杂而难懂的大量内容应该简化。很多研究也指出，如果媒体设计选用不当，很可能会使媒体的特性尽失，或分散学生的学习注意力，降低学习成效。

本调查研究显示，视频和图文等综合呈现方式是学习者的最爱，同时大家也希望操作界面简单简洁。这就对手机媒体呈现设计提出了高要求：要实现界面简洁，操作简单，不必要的图片、视频就要统统简化删去；能做成多维形式呈现的课件尽量形式多样，减少学习中由于屏幕小而带来的视觉枯燥；注意色彩搭配，简洁明了，重点难点突出，不显烦琐。

四、多感官学习，减少输入

在移动学习情境下，学习者更容易调动各个感官共同进入学习状态。很多研究者关注利用听觉的学习，开发了移动播客等学习形式，有效调动了移动状态中较为空闲的听觉。本调查中也显示出，除了通过计算机传输到手持设备获取信息外，大学生最喜欢"收听课程"。当然，多感官学习不能过分交叉造成负重感，而以一种方式为主、多种方式为辅的学习形式为宜。

移动学习设备通常具有一键多能的特点，因此输入非常不便，即使模拟电脑键盘的智能手机，按键也非常小，不便操作。所以，在促进多感官学习的同时，必须尽量减少键盘操作，减少文字输入。同时，行内应该有统一的规范，对功能相近的按键在设计上尽量保持一致，减少学习者为操作而付出精力。

五、文本课件短小，多级关联

文本课件是当前最主要的移动学习课件形式。由于移动设备具有容量小的特点，而文本文档所占内存是最少的，在制作上也非常简单，因此得以迅速发展。然而目前的多数文本课件以电子书的形式存放于手持设备中，大多数是未经过开发的完整文档，章节不明，不便阅读，因此，在设计开发时，应该对文档重新编辑，添加多级链接菜单，分章节阅读，并添加读书记录，便于学习者查询。

六、设计规格统一，促进资源再利用

再利用对学习内容的投资是非常重要的，为使资源具有再利用性，不同媒体与资源的描述可以在不同设备间互通和交换。由于运营商操作和移动设备出厂设计等原因，目前移动学习资源只支持相应合作的设备型号，为学习者选择学习资源带来了非常大的不便，同时也使很多设计精良的学习资源不能被多次利用，限制了其发展。在设计规格上，行内应该尽快对各类内容、范式、认证格式进行统一规范，从而让学习者正确而方便地找到自己所需的移动学习资源，提高学习资源的能见度和利用率。

第四章 大学英语教学概述

第一节 大学英语教学的理论基础

一、语言学理论

(一) 语言功能理论

英国功能语言学派的思想始于弗斯,后来在卡特福德、韩礼德等的研究中得到进一步发展。这里就重点介绍韩礼德的语言功能理论。韩礼德认为,语言是在完成其功能中不断演变的,语言的社会功能会影响到语言本身的特性。具体来说,语言功能可以分为微观功能、宏观功能、纯理功能。

1. 微观功能

韩礼德认为,微观功能是儿童在学习母语的初级阶段出现的,它包括以下七种功能:

(1) 个人功能。个人功能指儿童可以运用语言来表达自己的感情、身份或观点看法。

例如:I like the toy car.

(2) 控制功能。控制功能指儿童可以通过语言来控制他人的行为。

例如:Finish the task as I have told you.

(3) 想象功能。想象功能指儿童可以运用语言来创造一个幻想的环境或世界。

例如:Suppose I am the king and you are the queen...

(4) 启发功能。启发功能指儿童可以通过语言来认识和探索周围的世界,学习和发现问题。

例如:Tell me why...

（5）工具功能。工具功能指儿童可以通过语言来获取物质，满足其对物质的需求。

例如：I want...

（6）相互关系功能。相互关系功能指儿童可以通过语言与他人进行交往。

例如：Me and you.

（7）信息功能。信息功能指18个月大的儿童可以通过语言向别人传递信息。信息功能是在儿童成长后期掌握的。

需要指出的是，在儿童语言中，一句话只有一种功能而不会出现多种功能。随着儿童语言逐渐向成人语言靠拢，功能范围逐渐缩减，这些微观功能就让位于宏观功能。

2. 宏观功能

相对于微观功能，宏观功能更为复杂、丰富和抽象，它是儿童由原型语言向成人语言过渡阶段出现的语言功能。宏观功能包括以下两类：

（1）实用功能。实用功能源于儿童早期微观功能中的工具功能、相互关系功能和控制功能，它是指儿童将语言视为做事的工具或手段。

（2）理性功能。理性功能是由儿童早期微观功能中的个人功能、启发功能等演变而来的，它是指儿童将语言视为学习知识和观察事物的途径和方法。

宏观功能是早期儿童语言功能的过渡期，它和微观功能、纯理功能存在功能上的延续性，这反映了人类语言为数不多的几种功能可以被运用于多种社会场合，同时也反映了人类在运用语言的过程中创造语言的必要性。

3. 纯理功能

韩礼德的纯理功能在功能语言学派中影响巨大。纯理功能包括以下三种：

（1）人际功能。人际功能是指语言具有表明、建立和维持社会中人的关系的作用。通过此功能，讲话者能通过某一情境来表达自己的推断、态度，并对别人的态度和行为造成影响。

（2）篇章功能。篇章功能是指语言具有创造连贯的话语或文章的功能，这些话语和文章对语境来说是切题和恰当的。韩礼德认为，语篇是具有功能的语言。

（3）概念功能。概念功能是指人们通过语言将自己的内心世界和现实世界的经历进行表述的功能。语言的概念功能是指人们以概念的形式对其经验加以解码，并对主客观世界发生的人、事、物等因素进行表达和阐述。

韩礼德认为，几乎每个句子都能体现语言的人际功能、篇章功能和概念功能，而且这三种功能经常同时存在。

在如何看待语言本质的问题上，韩礼德对语言功能的论述为研究者们提供了一个全新的视角，推进了语言学界对语言的理解。后来的交际法教学流派（又称"功能—意念教学流派"）就是以韩礼德的语言功能理论为基础建立起来的。

（二）克拉申的二语习得理论

20世纪80年代初，克拉申针对第二外语的习得提出并发展了二语习得理论。该理论是最具争议的二语学习理论之一，共包括五个部分。

1.习得—学习假设

克拉申认为，"学习"和"习得"不同，它们是培养外语能力的两种途径。学习是学习者通过课堂学习等方式有意识地掌握语言语法规则的过程，而"习得"是学习者在无意识的状态下形成并掌握语言能力的过程，是一种类似于小孩子学习母语的过程。习得与学习的区别具体如表4-1所示。

表4-1 习得与学习的区别

习得	学习
不知不觉的过程	意识到的过程
内化隐含的语言规则	获得明示的语言知识
正式学习无助于习得	正式学习有助于语言知识获得

克拉申认为，语言学习只能监控和修正语言，却不能发展交际能力，外语应该通过习得来获取。另外，习得能够发展交际能力。

2.自然顺序假设

克拉申认为，一种语言的语法规则或结构是按一定的、可以预知的顺序习得的，这种情况也适用于第二语言（外语）的学习。

3.输入假设

在克拉申看来，理想的输入应具备以下四个特点：

首先，应具有足够的输入（i+1）。i+1是克拉申提出的著名公式。其中，i代表习得者现有的水平，+1表示语言材料应略高于习得者目前的语言水平。这意味着只要习得者能理解输入的材料，且达到了一定的量，就意味着这种输入已经有了自动性。

其次，应具有可理解性。输入的语言必须可以理解，不可理解的输入对学习者不仅无用，而且还会损害学生学习的积极性。可理解性的语言输入是语言习得的必要条件。

再次，应既有趣，又有关联。趣味性与关联性可以增强语言习得的效果。

最后，应按照非语法程序安排。在语言习得的过程中不必按语法程序安排教学活动，重要的是要有足够的可理解的输入。

按照克拉申的外语教学理论，进行外语教学时应尽量向学生提供可理解的语言输入，教师应使用一切手段来增加语言输入的可理解性。

4. 监察假设

克拉申认为，有意识的学习（知识或规则）只能起到监察的作用。这种监察作用可以发生在写或说之前或之后，如图4-1所示。

图4-1　学习的监察作用

需要指出的是，学习的监察作用必须具备以下三种条件才能发挥作用：有足够的时间、知道规则、注意语言形式。此外，这种监控作用在不同的语言交际活动（如口头表达与书面表达）中会导致不同的交际效果。

5. 情感过滤假设

情感指学习者的动机、需求、信心、忧虑程度及情感状态。这些情感因素会对语言的输入起到促进或阻碍作用，因而又被视为可调节的过滤器。情感因素的作用如图4-2所示。

图4-2　情感因素对语言学习的作用

根据情感过滤假设，外语学习者积极的情感态度有助于更多地输入目的语，而消极的情感态度则会过滤掉很多目的语。因此，教师还应避免给学生施加压力，要努力创造一个轻松愉快、自由自在的学习气氛。

（三）斯温的输出假设

斯温基于加拿大法语沉浸式教学结果的研究提出了输出假设。斯温认为，语言输入是实现语言习得的必要条件，但是除了这一必要条件还需要其他的条件，也就是说，要使学习者的英语学习达到较高的水平，除了对其进行可理解的输入外，还需要考虑学习者可理解的输出。

学习者需要充分理解并有效运用既有的学习资源，将其准确、合理地输出。在这一过程中，学生的语言水平才能得到较高程度的提升，也才能在不断输出的过程中意识到自己在语言表达方面存在的问题。在英语教学实践中，教师应该尽可能给学生提供充足的语言表达与运用的机会，不断地培养和提高学生语言表达的准确性和流利性。斯温认为，语言输出的作用主要体现在以下几个方面：

第一，检验自己所提出的假设是否正确，是否具有一定的可行性。

第二，使学习者侧重把握语言形式。

第三，让学习者能够有意识地进行自我反思。

斯温的输出假设对英语教学有一定启示。当英语教师意识到语言输出活动对语言学习的重要性之后，就会对此设计一些交际性的口头或笔头的语言实践活动来进行教学，如让学生复述、小组讨论、组织辩论等。在编写教材的过程中也会侧重添加一些实际性的语言输出活动，如角色扮演、针对某一话题发表不同意见和见解等。

（四）言语行为理论

言语行为理论作为语言语用研究中的一个重要理论，最初是由英国哲学家约翰·奥斯汀在20世纪50年代提出的。之后，美国的哲学语言学家塞尔对言语行为进行了深入探讨。因此，这里主要介绍奥斯汀和塞尔的观点。

1. 奥斯汀的言语行为理论

奥斯汀将话语分为表述句和施为句两大类别。此外，他还在此基础上提出了言语行为三分说。

（1）表述句与施为句。表述句是用来描写、报道或陈述某一客观存在的事态或事实的句子。表述句可以验证，并且具有真假值。

例如：Jim is lying in bed.

如果Jim确实在床上躺着，这句话就为真；反之则为假。

施为句是用来创造一个新的事态以改变世界状况的句子。施为句不可以验证，也不具有真假值。

例如：I call the toy horse Spirit.

这个句子既无法验证，也无法判断真假。这个句子的意义在于给玩具马命名，即给客观环境带来了改变。

可见，表述句与施为句的最大区别在于表述句以言指事、以言叙事，而施为句以言行事、以言施事。

（2）言语行为三分说。奥斯汀发现了表述句与施为句两分法的不足之处，并修正了自己的观点，提出了更为成熟的言语行为三分说。他将言语行为分为以下三个层次：

第一，以言指事行为是指移动发音器官发出话语，并按规则将它们排列成词、句子。它是通常意义上的行为。

第二，以言行事行为是通过说话来实施一种行为。它是表明说话人意图的行为，可将以言行事行为简称为"语力"。奥斯汀将以言行事行为分为评价行为类、施权行为类、承诺行为类、论理行为类、表态行为类五个类别。

第三，以言成事行为就是以言取效行为，它是指说话带来的后果。需要说明的是，以言成事行为或以言取效行为只是用来指一句话导致的结果，不论结果如何都跟说话人的意图无关。

2.塞尔的言语行为理论

塞尔的主要贡献是改进了奥斯汀对以言行事行为的分类，并提出了间接言语行为理论。

（1）塞尔对以言行事行为的重新分类。

塞尔将以言行事行为分为以下五类：

承诺类。它表示说话人对未来的行为做出不同程度的承诺。此类行为的动词包括 threaten, pledge, vow, offer, undertake, guarantee, refuse, promise, commit 等。

表达类。它表达说话人的某种心理状态。此类行为的动词包括 congratulate, apologize, deplore, regret, welcome, condole, boast 等。

断言类。它表示说话人对某事做出真假判断或一定程度的表态。此类行为的动词包括 deny, state, assert, affirm, remind, inform, notify, declare, claim 等。

宣告类。它表示说话人所表达的命题内容与客观现实之间的一致。此类行为的动词包括 nominate, name, announce, declare, appoint, bless, christen, resign 等。

指令类。它表示说话人不同程度地指使或命令听话人去做某事。此类行为的动词包括 request，demand，invite，order，urge，advise，propose，suggest 等。

塞尔的重新分类具有很强的科学性，直到今天仍在使用。

（2）间接言语行为理论。

所谓间接言语行为，就是通过实施另一行为而间接得以实施的言语行为。

例如：Can you pass the bottle for me？

这种言语行为虽然表面上在进行"询问"，但实际上表达的是一种"请求"行为，即"请求"是通过"询问"来间接实施的。

塞尔进一步将间接言语行为分为规约性间接言语行为和非规约性间接言语行为两个类别。规约性间接言语行为通常出于对听话人的礼貌，且根据话语的句法形式可立即推断出其语用用意；而非规约性间接言语行为往往比较复杂，需要更多地依靠交际双方共知的语言信息与所处的语境来进行推断。

二、心理学理论

（一）行为主义心理学

行为主义学习理论最初来源于俄罗斯生理学家巴甫洛夫的"条件反射"概念。20世纪初，美国心理学家华生创立了行为主义学习理论。美国学者斯金纳对华生的行为主义进行了继承和发展。这里主要介绍华生和斯金纳二人的观点理论。

1. 华生经典行为主义理论

华生把有机体应付环境的一切活动称为"行为"，行为的基本成分是反应，反应分为习得的反应和非习得的反应。前者包括我们的一切复杂习惯和我们的一切条件反射，后者则指我们在条件反射和习惯方式形成之前的婴儿期所做的一切反应。他将引发有机体反应的外部和内部的变化称为刺激，而刺激必然属于物理的或化学的变化。任何复杂的环境变化，最终总是通过物理变化或化学变化转化为刺激作用于人的身上。换句话说，刺激和反应都属于物理变化或化学变化，由此便形成了 S—R（刺激—反应）公式，通过刺激可以预测反应，通过反应可以推测刺激。

华生认为，学习就是以一种刺激替代另一种刺激建立条件反射的过程。在他看来，人类出生时只有几个反射和情绪反应，所有其他行为都是通过条件反射建立新的刺激—反应（S—R）连接而形成的。

华生主张心理学应该摒弃意识、意象等太多主观方面的东西，只研究所观察到的并能客观地加以测量的刺激和反应，无须理会其中间环节，华生称之为"黑箱作业"。他认为人类的行为都是后天习得的，环境决定了一个人的行为模式，无论是正常的行为还是病态的行为都是经过学习而获得的，也可以通过学习而更改、增加或消除。他认为查明了环境刺激与行为反应之间的规律性关系，就能根据刺激预知反应，或根据反应推断刺激，达到预测并控制动物和人的行为的目的。华生认为，行为就是有机体用以适应环境刺激的各种躯体反应的组合，有的表现在外表，有的隐藏在内部。在他眼里，人和动物没什么差异，都遵循同样的规律。

2. 斯金纳新行为主义理论

斯金纳于1957年发表了《言语行为》(*Verbal Behavior*) 一书，从行为主义角度对言语行为系统进行了分析。斯金纳认为，人们的言语及言语中的各个部分都是在受到内部或外部刺激的情况下产生的。具体来说，斯金纳提出了"操作制约"(operant conditioning) 的观点，这一观点强调语言学习的过程是一个不间断的操作过程，即发出动作然后得到一个结果或一个目的，这一动作就被称为"操作"。如果这一动作的结果是令人满意的，操作者就会重复"操作"，这时"操作"便得到了"强化"，也称为"正向强化"(positive reinforcement)。儿童的语言学习过程正是这样一个不间断的操作过程，使语言行为逐步形成。

斯金纳认为，在某一语言环境中，他人的声音、手势、表情和动作等都可以成为强化的手段，例如教师可以通过表扬、肯定、满意的表示使学生的某种言语行为得到强化。只有言语行为不断得到强化，学生才能逐渐养成语言习惯，学会使用与其语言社区相适应的语言形式。如果学生的言语行为没有得到强化，语言习惯就不能形成，也就不能学习到语言。在学习时，只有反应重复出现，学习才能发生。因此，重复在学习中的作用是不容忽视的。

行为主义的学习模式具体如图4-3所示。

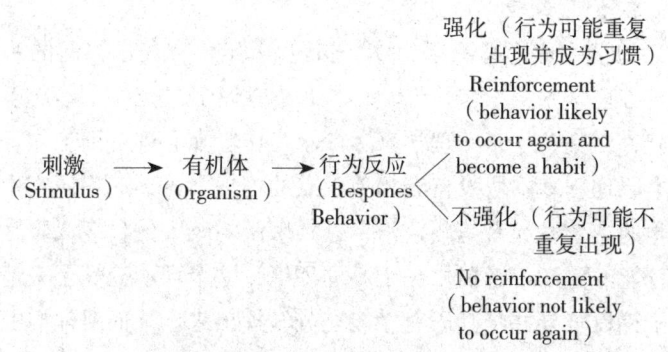

图4-3　行为主义的学习模式

通过上述介绍可以看出，行为主义学习理论的形成主要基于以下六个观点：

（1）语言是一种习惯，是人类所有行为的基础部分，是在外界条件的作用下逐步形成的。

（2）在语言习得和语言学习过程中，外部影响是内在行为变化的主要因素。因此，语言行为和习惯是受外部刺激的影响而发生变化的，而不是受内在行为的影响。

（3）儿童习得和学习语言的过程是按照操作制约的过程进行的，即发出动作—获得结果—得到强化。这也是儿童习得语言的最基本的客观规律。

（4）学习是刺激与反应的连接，其基本公式为 S—R。也就是说，有怎样的刺激，就有怎样的反应。

（5）学习过程是一种渐进的尝试—错误的反复循环—最后成功的过程。学习进程的步子要小，认识事物要由部分到整体。

（6）强化是学习成功的关键。语言行为需要正向强化才能形成并得到巩固。正向强化主要指学习上的成就感及他人的赞许和鼓励，它是帮助学习者形成语言习惯重要的外部影响因素。

当然，行为主义学习理论有很多不足之处，如它完全否认人类学习的内在心理机制，忽视了人类的主观能动性，难免会走向机械主义和环境决定论，受到认知主义等学习流派的批评。尽管如此，行为主义心理学的研究对英语教学仍有着重大影响，这些影响明显体现在实际的英语教学实践中。例如在语言学习的初级阶段，学生的不断观察、模仿和实践就是遵循了行为主义的学习理论。在外语教学的初级阶段，反复操练被看作是语言学习的一个重要且有效的手段，并得到了广泛的应用。

（二）人本主义心理学

人本主义的学习理论起源于20世纪五六十年代在美国兴起的一种心理学思潮，被称为"心理学的第三势力"。人本主义心理学起初并不形成于对学习和学习过程的研究，而是从临床心理学家、社会工作者和心理咨询工作者等一些对人类行为的基本原理和基本假设持有相似观点的心理学家的应用研究中产生的。人本主义心理学的主要发起者是马斯洛，近年来影响较大的代表人物是罗杰斯。他们认为，教育能够为学习者提供一个心理环境，这个环境充满了人情味，学习者在这个环境中得以辅导并将其固有潜能充分发挥出来。下面对他们的观点进行具体介绍。

1. 学习动机论

人本主义心理学的动机论是以马斯洛的"需求层次论"为基础的。马斯洛从人的自我实现需要出发,将人的需要从低级到高级分为五个等级:生理需求(Physiological needs)、安全需求(Safety and security needs)、社交需求(Love and belonging needs)、尊重需求(Esteem needs)、自我实现需求(Self-actualization needs)。其中,自我实现需求指的是人类能把自身潜在的东西变成现实的东西的基本倾向,是人的最高层次的需求。自我实现是对天赋、能力、潜力等的充分开拓和利用。这样的人能够实现自己的愿望,对他们力所能及的事总是尽力去完成。马斯洛认为,人具有自我实现的动机,有自我实现需要的人总是致力于他们认为重要的学习和工作。

以马斯洛的需求层次理论为基础,罗杰斯提出了"自我实现"的三个阶段:

(1)"映射"阶段。在这一阶段,人的自我发展是由外界要求的"映射"产生的。例如学生说:"我要努力学习,因为老师这样要求我们。"

(2)混乱阶段。当学生有了一定的自我意识时,教师对学生的要求往往与学生自己的观点相互矛盾,结果造成学生无所适从,处于混乱阶段。

(3)自我实现阶段。当学生的自我意识占据主导地位并认识到了自己的价值和能力时,学生便能独立地、创造性地做出判断和决定,从而实现自己的愿望。

马斯洛还针对如何使学生具备自我实现的学习动机的问题提出了许多策略性的建议,主要有以下几点:

(1)避开过去。学生在学习时,应将全部身心投入到学习中,排除先前事件的影响。特别是对于后进生来说,如果他们总是持有"我以前学得不好"的观念,那么他们将会停滞不前,不能取得进步。

(2)保持积极接受的态度。所谓积极接受的态度,是指学生在学习时,既要全神贯注、独立思考,又要虚心接受别人的意见。马斯洛指出,当我们以非干扰和安全接纳的方式与别人相处时,就能感受到更多的东西。因此,同学之间的互帮互学十分重要。

(3)防止两种心理障碍。其一是"低俗化"(Vulgarization),即自以为看透所有世俗,不相信神圣的、美好的东西;其二是"约拿情结"(Jonah Complex),是指那种畏惧美好和神圣事物的心理障碍。

2. 学习类型论

罗杰斯将学习分为两类,即无意义学习和有意义学习。

（1）无意义学习。罗杰斯认为，无意义学习只涉及心智（mind），它不涉及人的感情或个人意义（personal significance），与完整的人无关。无意义学习类似于无意义音节的学习。学生要记住这些无意义音节是一项困难的任务，因为它们是枯燥乏味、无关紧要、很快就会忘记的东西。在罗杰斯看来，学生在课堂里学习的内容，有许多对学生来说都具有这种无意义的性质。几乎每个学生都会发现，他们课程中有很大一部分内容对自己是无个人意义的。

（2）有意义学习。有意义学习不仅仅是一种增长知识的学习，而且是一种与每个人各部分经验都融合在一起的学习，是一种使个体的行为、态度、个性及未来选择行动方针时发生重大变化的学习。例如一个五岁小孩迁居到另一个国家，在不进行任何语言教学的情况下，让他每天与新的小伙伴们一起自由地玩耍，他在几个月内就会掌握一种新的语言，而且还会习得当地的口音。原因就在于他是以一种对自己有意义的方式去学习新语言的，所以学习速度极快。倘若请一个专门的语言教师去教他，在教学过程中使用对教师有意义的材料，那么他的学习速度将会极其缓慢，甚至会停滞不前。罗杰斯认为，意义学习能将逻辑与直觉、理智与情感、概念与经验、观念与意义等结合在一起。当我们以这种方式学习时，我们就成了一个完整的人，即成了能够充分利用我们自己所有阳刚和阴柔方面的能力来学习的人。

罗杰斯认为，有意义学习包括如下四个要素：

其一，学习具有个人参与（personal involvement）的性质，即整个人的认知和情感都投入到学习活动中；

其二，学习是自我发起的（self-initiated），学生由于内在的愿望主动去探索、发现和了解事件的意义；

其三，学习是渗透性的（pervasive），它会使学生的行为、态度乃至个性发生变化；

其四，学习是由学生自我评价的（evaluated by the learner），学生自己评估自己的学习需求、学习目标是否完成等，因为只有学生最清楚某种学习是否满足自己的需要、是否有助于获取自己想要知道的东西、是否明了自己原来不甚清楚的某些方面。

3. 学习实质论

人本主义心理学指出学习的实质是形成与获得经验，学习的过程就是经验的形成与获得的过程。在人本主义心理学的基础上，人本主义学习理论则从以下四个方面来解释学习的实质：

（1）学习即"形成"。人本主义学习理论重视学习方法的学习和掌握，强调在学习过程中获得知识和经验。在实际学习过程中，很多有意义的知识或经验不是从现成的知识中学到的，而是在做的过程中获得的。学生通过参加学习活动，进行自我发现、自我评价和自我创造，从而获得有价值的、有意义的经验，获得如何进行学习的方法或经验。所以，最有用的学习是学会如何进行学习。

（2）学习即理解。罗杰斯认为，个人的学习不是机械的刺激和反应之间的连接的总和，而是一个心理过程，是个人对知觉的解释。具有不同经验的两个人在知觉同一事物时，往往会出现不一样的反应，这是因为两个人对知觉的解释不同，所以他们所认识的世界及对这个世界的反应也各不同，而并非所谓的连接的不同所致。因此，要了解一个学生的学习过程，关键是要了解学生对外界情境或刺激的解释，而不是只了解外界情境或外界刺激。

（3）学习即潜能的发挥。人本主义心理学家认为，人类具有学习的自然倾向或学习的内在潜能，人类的学习是一种自发的、有目的、有选择的学习过程。人本主义的学习观将学生看作是一个有目的、能够选择和塑造自己行为并从中得到满足的人。因此，教学的任务就是创设一种能够有效激发学生学习潜能的情境，以使学生的潜能得以充分发挥。罗杰斯强调教学要以学生为中心，教师的任务是帮助学生增强对自我和变化的环境的理解。此外，人本主义学习理论还强调学习过程应该是一个愉快的过程，在教学中不应将强迫、惩罚及种种要求或约束作为促进学生学习的方法。

（4）学习是对学生有价值的学习。马斯洛和罗杰斯都强调，学习的内容应该是对学生有价值、有意义的知识或经验。罗杰斯认为，只有当学生真正了解所学内容的用处时，学习才能成为最好的、最有效的学习。通常来说，学生感兴趣并认为是有用处、有价值的经验或技能比较容易学习和保持；而那些学生认为是价值小且效用不大的经验或技能通常学习起来很困难，也容易使人遗忘。人本主义学习观提示教师要尊重学生的兴趣和爱好，尊重学生自我实现的需要，在课程内容的设置上给学生以充分的自由，允许学生根据自己的兴趣和爱好及自我需要来选择有关的学习内容。

（三）认知心理学

认知学习理论是通过研究人的认知过程来探索学习规律的学习理论。认知学习理论的倡导者认为学习就是面对当前的问题情境，在内心经过积极的组织，从而形成和发展认知结构的过程，强调刺激—反应之间的联系是以意识为中介的，强调认知过程的重要性。认知学习理论的代表人物有很多，其中皮亚杰是杰出的代表人物之一。皮亚杰创立了日内瓦学派和信息加工心理学，即运用信息加工的观点研究人的认知活动。

皮亚杰认为，无论一个人的知识多么高深、复杂，都可以追溯到他的童年，甚至是胚胎时期。皮亚杰的理论试图以认知的社会、历史根源及认知所依据的概念和运算的心理起源为依据来解释认知，尤其是科学认知。在皮亚杰看来，人出生以后如何形成认知、发展思维，受哪些因素制约，各种不同水平的智力及思维结构是如何先后出现的等问题都是值得研究的。因此，他的研究主要集中在两个方面：认知发展的阶段性问题和认知发展的机制。其中，认知发展的阶段理论具有广泛的影响意义。皮亚杰从认知图式的性质出发，将儿童的认知发展划分为以下四个阶段：

（1）感知运动阶段（0～2岁）。在这一阶段，儿童处于智力与思维萌芽的阶段，儿童主要靠感觉和动作来认识周围的世界。

（2）前运算阶段（2～7岁）。在这一阶段，儿童脑海里开始有事物的表象，并且能够用词代表头脑中的表象，认知开始具备符号功能。尽管他们能够进行初级的抽象，并且能够理解初级概念及期间概念，但是在他们的认知结构中，知觉表象仍然占有优势，他们的主要思维形式仍然是形象思维和直觉思维。

（3）具体运算阶段（7～11岁）。在这一阶段，儿童的思维水平有了实质性的变化。他们的认知结构中有了抽象的概念，并具备了一定的逻辑推理能力。此时，借助具体事物和形象，儿童可以做出一定程度的推理。

（4）形式运算阶段（11～15岁以后）。在这一阶段，儿童逐渐摆脱了具体实际经验对推理的控制，能够做到不借助具体事物，做出符号形式的推理假设。

皮亚杰认为成熟、练习和经验、社会性经验、平衡化是影响人的心理发展的四个基本因素。

总之，认知心理学冲破了行为主义对心理学的禁锢，对原先无法探测的大脑活动过程进行科学的抽象，简化为可以直接观察的心理模型，通过客观方法研究更加高级和复杂的认知活动，使人类对自身的认识向前推进了一大步。

第二节 大学英语教学的构成因素

一、教师

教师是教学活动的组织者,也是影响教学效果的最重要的变量之一。教师的主导作用是在与学生的交往中得以实现的。教师在教学过程中,除了要充分发挥出自身的主导作用,更要注重自身素质的提高。一名合格的英语教师应该具备专业素养、师德素养、人格素养。

(一)专业素养

教师专业方面的素养包括如下几个方面:

1. 综合教学能力

综合教学能力是指在英语教学中所需要的语言本身之外的教学能力,主要包括书写、唱歌、绘画、制作、表演等。较强的综合教学能力要求如下:能写,即书写字迹工整规范;能唱,即能结合学生学习的进程编写、教学生唱喜爱的英文歌曲;会画,即会画简笔画,并能运用于教学之中;会制作,即能设计制作适用于教学的各种教具,包括幻灯片、录像、电脑软件等;善表演,即能充分利用体态语,以丰富的表情、协调的动作表达意义或情感,做到有声有色。

2. 系统的教学理论知识

系统的教学理论知识也是英语教师必须掌握的专业能力之一。所谓系统的教学理论知识,是指教师除了要具备教育学、心理学理论以外,还要掌握英语教学理论知识,这主要包括现代语言知识、英语习得理论知识和英语教学法知识等。

3. 较高的语言水平

较高的语言水平是一名英语教师进行教学的基础,主要包括扎实的语言专业知识和较高的语言技能。教师不仅要具备系统的英语语音、语法知识,还要具备较大的词汇量,同时要具有良好的听、说、读、写能力。较高的语言水平是开展教学活动的基本保障,教师只有具备较高的语言水平,才能全面地掌握教材,才能向学生传授英语语言知识,培养学生的英语语言技能。

4. 英语教学的组织能力

英语教学的组织能力主要指教师动员和组织学生集体进行学习的能力。这一能力主要表现在教师有效地掌握课堂、有效地动员学生积极参加学习等方面。在有效掌握课堂方面，教师要做到以下几点：注意教材内容、自己的言语和言语表达；注意学生理解和表达的正确性，包括语音、语法、词汇及思想表达等方面的内容；注意课堂氛围和纪律；注意掌握学生的注意力。做到以上几点，教师才可以使课堂教学井然有序。要想有效动员学生积极参与学习，教师需要具有一定的创造性。教师一进课堂就会进入一种创造性的境界，思维活跃，能够很容易地自由运用知识技能，从而使学生得到有力的感染，愿意全身心地投入教师引导的学习活动之中。教师流利的英语本身就是动员学生的一种力量，教师发音要清晰、准确、流利、内容易懂。教师还要能够根据学生的语言水平来组织自己的语言，使用学生学习过的词汇和语法结构。

5.传授和培养英语知识技能的能力

（1）教师要善于讲解。讲解是所有教师必须具备的最主要、最基本的工作能力。一名合格的教师要善于将复杂的教学内容变得通俗易懂，能够深入浅出地进行讲解。为此，教师不仅要充分了解学生的心理特点、生理特点及学生的英语水平，还要认真细致地做好备课，并且要根据不同的内容选择适当的讲授方法，在讲解的过程中还要做到重点突出。

（2）教师要善于示范。英语教学既要传授知识，又要培养技能。学生语言技能的训练包括发音、书写、朗读、说话，这些都需要教师进行示范，然后学生对教师的示范进行模仿。教师要将示范和讲解相结合，用示范配合讲解，或者用讲解来突出示范中的重点，做到示范正确标准。由于示范是为了让学生进行模仿，因此还要与学生的实践相结合。

（3）教师要善于提问启发。向学生提问是英语教学的重要手段，教师要善于使用这一手段。例如在讲授新知识之前通过提问来复习旧知识，用提问检查与复习讲授过的内容。使用提问教学手段时，教师要注意两点：提出的问题要适合学生的实际水平；提问要注意调动全班学生的积极性。

（4）教师要善于引导学生进行练习。语言技能的培养需要大量的语言实践，如语音练习、语法练习、口语表达练习、听力培养练习、阅读练习、写作练习等。教师要熟悉各种练习形式的作用，并在英语课堂教学中引导学生进行各种练习活动，有效培养学生的语言技能。

（5）教师要善于纠正学生言语中的错误。学生学习英语是一个逐步进步的学习过程，在这个过程中难免会出现错误。有些错误是学生可以自行改正的，教师对此类错误不必纠正。而对于有些必须纠正的错误，教师也应该有策略、有技巧地进行纠正。哪些错误需要纠正，哪些错误不用纠正，在何时纠正，如何纠正，都反映着教师的教学实践素质。

6.较强的科研能力

以往的英语教学只要求教师具备一定的语言水平和教学水平。但是随着时代的发展，对教师提出了新的要求，教师除了语言水平和教学水平外，还要具备较强的教育科研意识和科研能力。

一名优秀的英语教师不仅是教学的实践者，还应该是科研的参与者，是英语教学与学习规律的研究者。长期以来，我国的英语教学在很大程度上是照搬国外的英语教学理论和教学方法。这在一定程度上促进了我国英语教学的发展。但是，由于这些理论和方法大多是针对第二语言学习者提出的，而且我国的英语教学具有自己独特的语言文化背景，我国的学习者具有自己独特的生理与心理特点，因此，这些理论与方法并不一定适合我国的英语教学。为了提高我国英语教学的效果，我们不应满足于借鉴国外的教学理论与方法，还应充分考虑中国的特色，结合我国的教学实践，通过融合与创新，努力探索具有中国特色的英语教学之路。为此，教师应该结合自己的教学经验和教学实践，通过不断调查研究教学实践过程，分析总结经验，改进教学，并将其中成功的经验上升为新的理论，丰富我国的英语教学实践，促进我国英语教学的发展。

（二）师德素养

师德是教师最重要的素养，也是教师从事教育教学活动的动力源泉。师德决定着教师对学生的热爱、对事业的忠诚、对教学执着的追求和对人格的塑造。同时，师德还直接影响着学生的成长。因此，英语教师必须具有坚定的理想信念，科学的世界观、人生观、价值观，忠于人民的教育事业，具有爱岗敬业的奉献精神，热爱学生。教师只有自身真正懂得奉献、体现公正、具有责任感，才能言传身教。

（三）人格素养

人格素养是教师素养的综合体现。"学高为师，身正为范"概括了教师的职业特征和专业特征，同时也概括了对现代英语教师人格塑造的要求。一名优秀的英语教师应具有高尚的道德品行，令人愉快的个人性格，宽容、谦逊、好学的品质，正确的自我意识，良好的心理素质，幽默的语言表达，和谐的人际交往，端庄的仪表风度，崇高的审美素质，积极耐心的工作态度及丰富的知识经验等。这些方面并不是孤立的，而是相互联系、相互影响的。

二、学生

学生是英语课堂教学的主体和中心。每个学生都是独特的个体,他们之间存在着各种差异,这些差异尤其体现在语言潜能、认知风格、学习动机、学习态度及自身性格等方面,而且这些差异使得他们理解和掌握新知识的速度和程度不尽相同。这里重点分析一下学生在各方面存在的差异。

(一)语言潜能差异

语言潜能是学习英语所需要的认知素质,或是学习英语的能力倾向,它是一种固定的天资。努力提高学生的英语素质就是要培养学生的综合语言运用能力,而语言潜能正是就学生的认知素质来预测其学习英语的潜在能力。卡洛尔提出外语学习能力应包括以下几种:

第一,语音编码、解码能力,即关于输入处理的能力;

第二,归纳性语言学习能力,它是有关语言材料的组织和操作能力;

第三,语法敏感性,它是从语言材料中推断语言规则的能力;

第四,联想记忆能力,它是关于新材料的吸收和同化能力。

不同学生的语言潜能存在一定的差异。在教学过程中,教师应了解学生的语言潜能,做到因材施教,使之针对不同的学习任务在不同场合发挥各自的长处,以收到事半功倍的效果。

(二)认知风格差异

认知风格是指人在信息加工(包括接受、储存、转化、提取和使用)过程中表现出来的认知组织和认知功能方面的持久的、一贯的风格,它既包括个体知觉、记忆、思维等认知过程方面的差异,也包括个体的态度、动机等人格形成和认知功能与认知能力方面的差异。不同的学习个体有不同的认知风格。应该说,不同的认知风格各有其优势和劣势,但这并不代表学生的学习成绩有差别。学生之间可以有各自偏爱的信息加工方式,在学习不同材料时也会各有所长。当学生的认知风格与教师的教学风格、学习环境中的其他因素相吻合时,其学习成绩会更好。因此,教师应了解并尊重学生不同的认知风格类型,针对不同的学习任务和学习环境因材施教,妥善引导,使自己的教学特点与学生的需要有机联系,进而取得良好的教学效果。

(三)情感因素差异

情感因素方面的差异主要涉及以下几个方面:

1. 学习动机

学习动机是指激发个体进行学习活动，维持已发生的学习活动，并使行为朝向一定的学习目标的一种内在过程或内部心理状态，是直接推动学生进行英语学习的内部动力，是影响英语学习成绩的一个关键因素。学习动机来源于学习活动，也是学习活动得以发生、维持、完成的重要条件，并由此影响学习效果。

2. 性格

性格是指一个人对现实的态度和行为方式表现得比较稳定但又可变的心理特征，是学生的重要情感因素，也是决定其英语学习成功与否的关键因素之一。人的性格大体可以分为外向型和内向型两种。埃利斯认为，外向型的学生有利于交际方面的学习，因其喜欢交际，不怕出错，能积极参与英语学习活动，并在活动中寻求更多的学习机会；而内向型的学生在发展认知型学术语言能力上更占优势，因其善于利用沉静的性格从事阅读和写作。对教师来说，研究学生性格差异的最终目的是为了充分了解学生的个体差异和不同的心理状态，发挥不同性格学生的优势，因材施教，以达到更理想的教学效果。

3. 态度

态度是指个体对待他人或事物的稳定的心理倾向或为达到某种目的而做出的一定努力，是影响英语学习的重要因素之一。态度包括三个方面：情感成分，即对某一个目标的好恶程度；认知成分，即对某一个目标的信念；意动成分，即对某一个目标的行动意向及实际行动。一般来说，对异质文化抱有好感，向往其生活方式，渴望了解其历史、文化和社会习俗的学生，对其文化与语言会持积极的态度，这样就可以获得良好的学习效果。反之，对某外族文化抱有轻蔑、厌恶甚至仇视态度的学生则很难认真了解该文化并学好语言。此外，学生对学习材料、教学活动的组织形式及对教师的态度都会影响到他们英语学习的效果。

对学生个体差异的分析对于教师根据学生的个体差异制订教学计划，选择合适的教学材料和教学方法，具有重要的实践意义。

三、教学内容

教学内容是连接学生和教师之间的桥梁，也是教学实践中不可或缺的一个重要构成因素。所谓教学内容，就是指在教学活动中为实现教学目标，师生共同作用的知识、技巧、技能、思想、观点、概念、事实、问题、行为习惯等的总和。

教学内容是一种特殊的知识系统,既不同于语言知识本身,也不同于日常经历;既要考虑英语学科本身的知识体系,又要考虑学生的年龄特点和实际需求等。一般来说,教学内容包括以下几个方面:

(一)语言知识

基础英语语言知识是综合英语运用能力的有机组成部分,是语言学习和语言运用的重要内容之一。没有扎实的语言知识,就不可能具有较强的语言能力。

(二)语言技能

听、说、读、写是学习和运用语言必备的四项语言基本技能,是形成综合语言运用能力的重要基础和手段。听是分辨和理解话语的能力;说是运用口语表达思想、输出信息的能力;读是辨认和理解书面语言的能力;写是运用书面语表达思想、输出信息的能力。学生通过大量听、说、读、写的专项和综合性语言实践活动,形成这四种技能的综合运用能力,为进行真实的语言交际奠定基础。

(三)情感态度

所谓情感态度,是指兴趣、动机、自信、意志和合作精神等影响学生学习过程和学习效果的相关因素,以及在学习过程中逐渐形成的祖国意识和国际视野。在教学中,教师应不断激发并强化学生的学习兴趣,引导他们逐渐将兴趣转化为稳定的学习动机,树立自信心,锻炼克服困难的意志,认识学习的优势与不足,乐于与他人合作,养成健康向上的品格。

(四)文化意识

在英语教学中,文化指所学语言国家的历史地理、风土人情、传统习俗、生活方式、文学艺术、行为规范、价值观念等。对学生来说,接触和了解英语国家文化有益于学生对英语的理解和使用,加深对本国文化的理解与认识,有利于提高人文素养,培养世界意识。因此,教师在教学中要主动向学生渗透文化意识,根据学生的年龄特点和认知能力,传授文化知识,培养文化意识和世界意识。

(五)学习策略

学习策略是指学生为有效地学习和发展而采取的各种行动和步骤。英语学习的策略包括认知策略、调控策略、交际策略和资源策略等。培养学习策略有助于学生有效学习英语,为终身学习奠定基础。使用有效的英语学习策略,可以改进英语学习方式,提升学习效果,还可以让学生学会如何学习,从而培养学生自主的终身学习能力。因此,教师要有意识地帮助学生形成适合自己的学习策略,对自己的学习过程和效果进行监控和反思,培养学生根据学习风格不断调整学习策略的能力，引导学生观察他人的学习策略，与他人交流学习体会，尝试不同的学习策略。

教材是教学内容的重要载体。在新课程改革中，教材是重要的教育教学因素。教材是教师用来教学的材料，也是学生用来学习的材料。简单地说，教材是为教师的教和学生的学服务的，是进行教学的必备要素。然而，教材是死的，学生是不断变化的，而且任何教材的编写都受编者水平和资料的限制，不可避免地会存在某些缺点和不足。如果教师一味地以完成教学任务为目的，忽略学生的反应，按部就班地使用教材，恐怕很难起到促进学习的作用。因此，在教学过程中，教师应灵活处理不同的教材，在课上或课下询问学生的感受，及时调整教学的方法和进度。

四、教学环境

任何教学活动都是在一定的教学环境中进行的，教学环境是教学活动的基本要素之一，是开展教学活动的依托。同样，英语教学也必须在现实的英语教育环境中进行，所以英语教育受制于环境这一因素。

（一）教学环境的构成要素

英语教学环境是指英语教学赖以进行的实际条件，即能稳定教学结构、制约教学运作、促进个体发展的教育条件和环境因素。环境因素是制约和影响英语教学活动和效果的外部条件。教学环境主要有以下几个构成要素：

1. 学校环境

学校是为学生提供学习场所和学习手段的最佳环境，它对英语教学的影响更为重要和直接，决定着绝大多数学生英语学习的成败。学校环境主要包括课堂教学、接触英语时间的频率、班级的大小、教学设施、教学资料、英语课外活动、英语教师及其他教职工对英语的态度及其英语水平、校风班风和师生人际关系等。

2. 社会环境

社会环境是影响和制约英语教学过程的重要因素，它主要指社会制度、国家的教育方针、英语教育政策、经济发展状况、科学技术水平、人文精神、社会群体对英语学习的态度及社会对英语的需求程度等。社会环境因素是英语教学向前发展的动力，对英语教学具有重要的导向作用。

3. 个人环境

个人环境主要包括学生的家庭成员、同学、朋友的社会地位，物质生活条件、文化水平、职业特点和对英语学习的态度、经验、水平及学习方式，成员之间的关系及感情，学生的经济状况，拥有的英语学习设备和用具等。个人环境也会对学生的英语学习产生一定程度的影响。

（二）教学环境对英语教学的意义

成功的英语语言学习活动离不开其得以存在、发展、交流、应用的各种环境因素。教学环境潜在地影响着教学活动的效果，是学生学习活动赖以进行的主要环境。教学环境对英语教学的意义主要表现在以下几个方面：

第一，促进教师在教学中更加努力地营造良好的英语课堂教学环境，充分利用现代化教学手段与教学资源，优化教学环境，提高学生对英语的运用能力；

第二，可以帮助教师正确认识环境对学生英语学习的客观影响，结合中国的英语教学实际，理性地分析、判断和选择外国的英语教学理论和教学方法；

第三，可以帮助教师有效地加工语言输入材料，科学地设计语言练习，创设良好的课堂英语使用环境；

第四，有利于教师在不断学习和实践优化课堂教学环境的策略、创设良好的英语教学环境的过程中，提高其自身的教学素质。

五、教学方法

语言教学教无定法，贵在有法。在英语教学历史上，有多种教学方法都曾经发挥过重要作用，有效地促进了英语教学的发展。例如翻译法、直接法、自觉对比法、听说法、视听法、认知法、功能法，以及由此派生出来的口语法、全身反应法、自然法、沉默法、暗示法、交际法等。但是，实践证明，没有哪一种教学方法是最好的、最有效的，也没有哪一种方法适用于所有时期、所有地区、所有教学内容。如果一个教师在英语教学中采用一成不变的教学方法，必然会使学生感到厌烦。而且，不同的教学方法对不同的语言知识、语言技能各有侧重，综合、灵活地运用各种教学方法才能有效促进学生英语能力的提高，才有利于学生英语水平的全面发展。

在英语教学中，教师应该注意无论使用什么样的教学方法，都必须以提高学生的语言交际能力作为教学的出发点，尽量将教学与日常实际生活结合起来，鼓励学生有创造性地、有目的地运用已学语言材料，在新的生活场景中重新组织语句，表达自己的感情。同时，教师应力求使教学过程交际化，教材内容选自真实生活中的自然交际，适合学生的年龄，对处于不同阶段的学生采取不同的教学方法。

第三节 大学英语教学开展的原则

一、以学生为中心原则

学生是教学活动的主体与内在因素，英语教学要以学生为中心，充分发挥学生的主观能动性，提高教学效率。在英语教学中，实施以学生为中心原则要求教师从以下两个方面着手进行：教材分析要以学生为中心、教学方法与手段的选择要以学生为中心。

（一）教材分析要以学生为中心

教材分析时，教师应充分理解并把握教学内容，了解学生所处的不同阶段的实际情况及学生的学习能力状况，以此作为调整教学目标与任务的依据；教师还要根据学生的需要对教材内容和活动进行心理化处理和最优化处理，使教材与学生的经验与体验结合起来，将教材内容变成问题的链接和师生对话的中介，使教材更好地服务于教学。

（二）教学方法和手段的选择要以学生为中心

在英语教学过程中，教师应选取多样化的教学方法和手段，做到以学生为中心。直观的教学方法可以使学生直接感受和理解语言，通过视、听、说可以激发学生参与的兴趣，强化记忆。形象化教学手段可以适应学生的直觉思维特点，因此教师可以选择一些利于激发学生兴趣和好奇心的媒体，如幻灯、投影、模型、录音、图片等，使他们积极地参与课堂学习，自然地感知语言，满足个人需求。

二、循序渐进原则

英语教学的循序渐进原则主要包括以下三层含义：

第一，语言的学习应从口语开始，然后逐渐过渡到书面语。英语包括口语和书面语两种形式，且口语早于书面语出现。与书面语相比，口语词汇通常较为常用，句子结构简单，学习起来比较容易。学生通过口语的学习可以尽快获得交际技能，满足日常交际的需要，这样就达到了学用结合的目的。

第二，就听、说、读、写等语言技能的培养而言，教师应该首先侧重培养学生的听说能力，逐渐过渡到读写技能的培养上。听、说、读、写是英语的四项基本技能，应该全面发展，但是在不同的阶段，侧重点应有所不同。听说教学能使学生掌握基础的语言知识，包括语音、词汇、句子结构等，这为读写能力的培养奠定了基础。因此，在英语学习的初级阶段，教师应加强听和说的教学，然后再逐步向读和写教学过渡。

第三，英语语言知识、语言技能及使用语言的能力的完成与提高是一个循序渐进的过程。学习英语是一个螺旋式发展的过程，需要反复的循环，但这种循环并非单一的重复，每一次重复在难度和深度上都有所提高。此外，循环往复要求教学中要做到以旧带新，从已知到未知。因此，教师应以学生已有的语言知识和已熟悉的语言技能为出发点，传授新知识，培养新技能。

三、输入优先原则

英语教学要坚持输入优先原则。所谓输入和输出，是指学生通过听和读接触英语语言材料及学生通过说和写来进行表达。语言输入的量越大、质量越好，语言输出的能力就越强。可见，输入是输出的基础。

输入优先原则的主要依据是埃利斯在其著作《理解第二语言习得》一书中对外语学习中对待语言输入的三个方面特点的总结和归纳：

第一，可理解性，是对所输入语言材料的理解。

第二，趣味性和恰当性，指学习者对所输入的语言材料要感兴趣。

第三，足够的输入量。足够的输入量在英语教学中也至关重要，但目前英语教学对此点有所忽视。

基于埃利斯对语言输入三方面特点的总结，在英语教学中坚持输入优先原则要注意以下几个方面：

第一，注重输入内容和输入形式的多样化。输入形式可以包括声音、图像、文字等，语言题材和体裁要内容广泛、来源多样。例如利用在日常生活中每天都会接触的文具、衣服、道路标志、电器等就可以帮助学生从潜意识中学到许多英语。

第二，教师可以通过视听、听和读等多种手段，尽可能多地让学生接触英语，多给学生可理解的语言输入，教师应该打破课内外的界限，利用声像材料的示范、贴近学生的日常生活和学习、适合学生的英语水平、具有时代特色的读物等，扩大学生的语言接触面，增加学生的语言输入，以有利于学生更好地学习英语。

第三，着重强调学生的理解能力，为学生提供的语言材料要切合学生的实际情况，具有可理解性与趣味性。向学生输入的材料要符合学生的现有水平，只要求学生理解，不必刻意要求学生即刻输出。从教学方法而言，这也坚持了先输入、后输出的原则。然而仅仅依靠语言的输入不可能掌握英语并形成综合运用英语的能力，还需要适当的口头和笔头的表达来检验和促进语言的输入。

第四，鼓励学生进行模仿。有效的模仿是模拟生活中的真实情景，注意语言结构所表达的内容。换句话说，模仿最好是让学生身临其境去使用所要模仿的语言。例如在结对练习、小组练习的时候，让学生根据实际情况使用所学习的语言，才能把声音和语言的意义结合起来，学生才会在课外准确运用所学语言。模仿是在优先输入语言的基础上对语言进行的有效练习和输出实践。

四、兴趣性原则

在英语教学中，教师应意识到兴趣的巨大作用，尽可能调动学生的内在动机，激发学生对英语学习的主观愿望，以获得更好的教学效果和学习效果。在英语教学中，教师可从以下几个方面入手来调动学生的学习兴趣：

第一，尊重学生的主体性，充分了解学生的特点。教师必须清楚地认识到学生是英语课堂的主体，学生通过积极主动的尝试与创造，才能获得认知和语言能力的发展，教学活动也才能达到预期效果。教师要根据学生的心理和生理特点，遵循语言学习规律，采用多种教学方式，让学生通过体验和实践进行学习，从而形成语感，提高交流能力。

第二，改变强调死记硬背、机械操练的教学方式及传统的英语测试方式。英语学习需要一定的死记硬背和机械操练的活动，但是如果机械性操练太多太滥则很容易使学生降低甚至失去学习英语的兴趣。为此，教师应该以学生感兴趣的方式帮助学生获取知识，使他们在获得交际能力的同时，综合素质也得到相应提高。

第三，对教材进行深度挖掘。教师在备课过程中，应认真研究教材，挖掘教材中学生感兴趣的内容与话题，使每节课都有让学生感兴趣的内容和活动，最大程度地调动学生的积极性。

五、系统性原则

在英语教学过程中要遵循系统性原则，目的是使学生对所学内容能有比较系统、完整的概念，在各部分知识之间和新旧知识之间建立有机的联系，在消化所学内容时思路清晰而有层次。具体来说，系统性原则主要涉及以下几点：

（一）系统安排教学工作

英语教学工作的安排要有计划性，计划性要求做到以下几点：

第一，教师要有计划地备课。例如一篇课文要上八课时，在备课时要一下子备完，不能今天上两节课就备两节课的内容，要一次备好。

第二，教师的讲解要逐步深入、条理分明、前后连贯、新旧联系、突出重点、一环套一环、一课套一课，形成一个有机而系统的体系。

第三，教学的步骤和培养技能的方法应该符合掌握语言的过程。要根据课程的最终教学目的，由易到难，逐步提高要求。

第四，练习布置要具有计划性。要先进行训练性练习，然后再进行检查性练习。此外，练习的形式要具有体系性，相同的练习形式也要有不同的要求。

第五，布置家庭作业和讲课的重点应当密切结合。每次作业要有明确的目的，课内课外要通盘考虑。

第六，要经常检查学生掌握知识和技能的情况，每堂课要有一定的提问并做相应的记录，这可以对学生起到督促的作用。对于学生平时的成绩不能仅凭教师的印象来评定，因此平时对学生所做的口头、书面作业要有记录。

（二）系统安排教学内容

英语教学内容的安排要有严密的计划和顺序。例如低年级英语教材教学内容的安排基本上是圆周式的，对系统不要机械地去理解，切忌搬用科学的系统。教师应该按教科书的安排特点和班级的情况合理组织讲课的内容，确定讲课的重点。当出现一个生词时，不要急于一次把这个生词的所有意义、用法全部教给学生。当教授一条新的语法规则时，不要一次向学生交代有关这条规则的全部知识，要将知识分步教给学生。教学内容的安排应该服从教学的系统，这样才能由浅入深，由易到难，由分散到系统。

（三）系统安排学生学习

教师要指导学生进行连贯的学习。学习要循序渐进，要经常、持久连贯地学习。因此，教师在教育学生时要有恒心，经常及时地带领学生进行复习和做好功课。此外，教师还要指导学生正确处理好平时和期末的关系。必须让学生将学习重点放在平时，平时训练要从难从严。坚决反对那种平时学习不努力，期末考试临时抱佛脚、突击开夜车的做法。此外，教师还要经常关心和指导学生的学习方法，并针对学生的个人特点因材施教。

六、真实性原则

鲁子问指出:"在英语教学中,坚持真实性原则就是要在教学各个环节上做到真实,以培养学生综合语言运用能力为总目标,以交际法和任务型教学为策略,在真实环境中获得真实语言能力。"语用真实是真实性原则的重要内涵。

在英语教学中,教师要实现语用真实,应做到以下几个方面:把握真实语言运用的目的、采用语用真实的教学内容、设计组织语用真实的教学活动、设计语用真实的教学检测评估方案。

(一)把握真实语言运用的目的

英语教学的最终目的是培养学生的综合语言运用能力,这种能力实际上就是一种语用能力。这里的语用目的是指教学内容体现在语用能力方面的教学目的,主要表现在:语句的语用功能目的;对话语篇的语用功能目的;短文语篇的语用功能目的。

(二)采用语用真实的教学内容

在教学开始之前,教师应从语用的角度对课文进行详细全面的分析,研究语句使用的真实语境,准确把握课文中所有语句的真实语用内涵,选用语用真实的例句与练习,这样就可以在教学前就指向语用教学,从而保证学生能够获得语用真实的英语运用能力。

(三)设计组织语用真实的教学活动

对学生语用能力的培养应贯穿于整个英语教学过程,因此,教师应基于语用真实的指导思想来设计教学活动,将语用能力的培养与呈现、讲解、例释、训练、巩固等课堂教学活动紧密结合起来。

(四)设计语用真实的教学检测评估方案

教学检测评估对教与学都具有重要的反拨作用。设计语用真实的教学检测评估方案,可以找出学生的语用能力存在的不足之处,从而对教学进行有针对性的调整与改进。此外,语用真实会引导学生在学习中更加自觉地把握学习内容的真实语用内涵,强化学生运用英语的自我意识。

七、课内外活动相结合原则

在教学实践中,要遵循课内与课外活动相结合的原则,主要是因为二者之间存在互补性。课内活动一般是非自愿的,也是无法自由选择的。课内活动必须按照规定的教学大纲有序进行,一般具有统一的课程和课时,这样可以保证全班同学在相同的教育过程中保持相同的步调,既有利于培养学生个性的共同点,又有利于学生系统地习得语言知识。课外活动具有自愿性和选择性,学生可以根据自己的兴趣爱好自愿选择参加感兴趣的活动。课外活动是真正以学生为中心,由学生独立进行和完成的教学活动,教师只是在有需要的情况下提供适当的帮助,因此,课外活动更能发挥学生的主动性和独立性,更能培养学生自主学习的能力。相对而言,课堂教学活动则具有一定的局限性,尽管我们一直提倡课堂教学要以学生为中心,但实践起来并非易事,往往会遇到各种各样的困难。

根据我国目前高校的英语教学现状,为了更好地将课堂教学与课外活动相结合,发挥它们的互补作用,我们就要在优化课堂教学的同时,加强课外活动,具体可以从两个方面着手:首先,激发学生在课堂活动中的主体积极性。课堂教学实际上是教师与学生以教学影响为中介的交互作用过程,这个过程能否发挥交互作用效果很大程度上取决于学生的主体积极性。因此,如何激发学生的主体积极性成为贯穿英语课堂教学始终的问题。其次,减少课堂教学时间,提高课堂教学效益。就目前我国的高校教学来看,课堂时间总量太大,课外活动时间过少是普遍现象。在苏霍姆林斯基管理的帕夫雷什学校里,只有上午是课内教学,整个下午均为课外活动,但在我国,学校教学基本上等同于课堂教学,课外活动少之又少,这对于学生的个性发展,培养学生的兴趣、爱好非常不利。学生的潜能和优势得不到发挥,学生的创造性得不到锻炼,学生的综合素质又怎能有效提高呢?因此,我们提倡高校应减少课堂教学时间,增加课外活动时间总量。与此同时,要提高课堂教学的效益,即师生以最少的时间和体脑耗费取得最大的教学效果,只有在减少教学时间的同时提高教学效益才能保证整体的教学质量。

八、合理使用母语原则

在英语教学中,教师应当提倡学生多说英语、多用英语,但这并不意味着不能使用母语。在英语课堂上可以合理使用母语,利用母语优势帮助学生理解学习过程中的难点,这对提高教学效果有利无害。合理使用母语原则包括在英语教学中利用母语的优势和避免母语的干扰两个方面。

(一)利用母语的优势

教师在英语教学中要学会利用母语的优势,借助汉语对一些词义抽象的单词和复杂的句子加以解释。英语学习是在学生已经熟练掌握母语之后进行的学习实践，学生在英语学习之前对时间、地点及空间等概念已经形成，已学会了表达这些概念的语言手段，况且英汉两种语言在结构和使用方面也存在许多差异，这些语言文化差异往往会造成学习英语的障碍。因此，利用母语的解释可以帮助学生更快、更好地学习和掌握英语的某些概念。适当地使用母语进行教学，有助于学生理解母语和英语之间的差异，了解英语结构和规则的特点，有助于师生之间的顺利沟通和深化对语言差异的理解和消化，从而提高学习效果。

（二）避免母语的干扰

母语交际先于英语第二语言的学习且已经基本上被学生熟练掌握。英语的学习是个相当复杂的过程，母语的使用习惯可能会给英语学习带来障碍。在学习英语的过程中适当使用母语，用母语简单讲授英、汉两种语言在某一结构、某一用法上的差异和特点是可以的。但对母语优势的利用一定要掌握好度，避免将母语的使用规则迁移到英语的使用上。如果过多地或一味地使用母语，会在很大程度上给英语的学习带来不利。在英语教学里利用和控制使用母语，要注意以下几个方面：

第一，目前，科学的发展、教学方法的改进和现代教学手段的运用，多用母语作为教学手段的效果日益减弱且劣势日益明显。英语教师结合现代化教学设备运用更加直观的教学手段有更大的创造空间。

第二，在英语教学中，学生对所学英语词句的理解是相对的。理解包括知道这些语言现象及其隐藏在现象后的本质。在初始阶段，没有必要引导学生过分追求本质，这主要是由于英语的很多用法是习惯问题，很多情况用逻辑推理不通，例如"看电影"用 to see a film，而"看电视"则说 to watch television。

第三，在英语教学中，教师应控制使用母语，尽量用英语教学。要充分考虑教师运用英语的能力、学生的理解能力和接受效果，教师尽量用教过的英语讲话，也可以借助图画、实物、表情、手势等直观手段，也可以将关键词写在黑板上，使师生的交际能力在课堂教学中得到有效提高。

总之，英语教学的过程要成为有意识地控制使用母语和有目的地以英语作为语言交际工具和媒介的过程，坚持合理使用母语原则才能更有效地优化教学效果。

九、最优化原则

在英语教学中，最优化原则体现在某一方面知识内容的教学中：在几种教学媒体都可用的情况下，选用教学效果最好的媒体；教法选择最优化；结构安排最优化；角色搭配最优化；具体运用最优化。针对在非母语环境下进行英语教学的现状，要努力营造轻松自然的语言氛围，促进语言习得。因此，多媒体软件和课件要便于学习者操作和控制。具体来说，课件的画面内容、布局、导航图标性能、菜单功能设计及学习者的自由度，是影响学习者操作和控制课件的主要因素。为了提高学习效率，减少学习者的焦虑感，增强他们的学习兴趣和信心，课件应该从学习者的需要出发，尽可能地使课件使用起来更方便。

十、精讲多练原则

精讲多练原则既肯定了讲和练的作用，又明确了讲和练的地位。讲涉及的是语言知识，练涉及的是语言技能。下面进行具体分析。

（一）语言知识促进语言技能的培养

既然英语教学将交际能力作为培养目标，那么实践性就是英语教学的特点之一。在英语课上必须以语言实践为主，课堂上绝大部分时间要用于实践。但是适当地传授语言知识，可以帮助学生更好地进行实践，提高学习的效果。语言知识讲授的范围、深度、方法和时机要由语言实践和教学的需要来决定。例如大家都知道游泳的本领是在水里练出来的，不下水是学不会游泳的，但是在下水之前，教师讲一讲游泳的要领，分解一下游泳的动作，学生在水里练习时就可以进步更快。

在初级阶段的英语教学中，教材简单并且每课只包含有限的句型和单词，通过反复直接练习就能熟练掌握。本阶段的教学重点是引导学生养成运用英语的习惯和正确的学习方法。语言材料的有限性，使得语言知识的讲授对学生的学习没有多大帮助。当英语教学向高级阶段推进，学生需要学习更多的句型和单词时，教师就需要使学生利用单词或句子间的关联来进行学习，并且从一些语言材料里总结出语法规则。在这一阶段，语言知识的讲授对学生才能发挥出应有的作用。然而，此时还是要注意精讲多练。

在英语教学的后期，语言知识的讲授有助于培养学生的自学能力。不是所有一切都在规则的统领之下，有时候最常用、最简单的单词往往具有不合常规的词形变化和发音规则。这就要求学生多模仿教师，教师不要急于引导学生过多地追问为什么。精讲多练是学习英语稳妥而有效的方法，但随着学习进程的推进和学习内容的复杂化，就很有必要通过适当地讲授一些语言知识来发挥思维理解的作用。

（二）语言操练交际化

语言操练并不等于语言交际，前者关注的是语言形式，使学生在语言操练里掌握语言形式，后者关注的是语言内容，使双方相互了解。例如教师在课堂上举着书问"What's this？"学生回答"It's a book."这不是语言交际而是语言操练。当教师介绍了 Abraham Lincoln 的故事后，问学生"What do you think about Lincoln？ Why do you think so？"这不只是语言操练，还是语言交际。

1. 语言操练是交际能力培养的手段

英语教学中的语言操练包括以下三种练习形式：机械练习，如句型操练等；有意义的操练，如围绕课文或情境所进行的模仿、问答、复述等；交际性操练，如联系自己的生活实际，利用课文里的词句叙述自己的思想、表达课文学习后的体会等。这三种练习形式在难度、与语言交际的接近程度都在递进，体现出由操练到交际的进程。英语教学的目的是培养学生的英语交际能力，而不是使学生掌握语言形式，但是培养学生的交际能力必须借助语言操练这个手段，二者对于英语教学目的的实现都非常重要，缺一不可。语言操练和语言交际相互联系、相互区别，有时没有明显的分界线。教师每次讲授新材料时，都要先进行机械练习，再进行有意义的练习和交际性练习，使学生最后能运用所学的新材料进行交际。不能把语言操练和语言交际对立起来，而是要看到它们之间的联系，一步一步地将语言操练推向语言交际。

2. 将交际场合迁入课堂练习

教师应尽量将交际场合迁入课堂练习，使课堂练习接近语言交际。教师应该创造一定的情境，多给学生一些用英语进行交际的机会，鼓励学生带着表情和肢体动作进行英语交际，要像演戏一样将生活中的交际场合搬进课堂练习。在这个过程的开始阶段，性格严肃的教师和学生可能会觉得不好意思，但是随着练习的增多，他们会逐渐习惯这种情况。教师借助适当的表情、肢体动作进行英语交际，不仅能增加说话的力量，还能激发学生的兴趣，帮助学生记忆，从而提高教学效果。

3. 将交际形式迁入课堂练习

教师应尽量将交际形式迁入课堂练习，使英语课堂教学模拟日常生活中的交际形式，为学生在日常生活中使用课堂上所学的英语创造条件。日常交际形式包括以下方面：问候、打招呼；会话；自言自语；讲故事；对人、物、画面的介绍；请求、命令；解释或说明事物或问题；演说、做报告；作文、写信。英语教学可以采用这些形式的课堂练习，课堂上将生活里常见的交际形式训练到自然的程度，学生的交际能力就会逐渐提高。

英语课堂的活动包括教师组织教学，讲解单词、课文和语法，布置作业，对学生进行奖评和考核，学生请教师解答疑难问题，等等，所以教师和学生不缺乏用英语进行交际的机会。教师要努力将所学英语用到师生间的交际中去，积极扩大使用英语的阵地，这样才能培养学生运用英语的能力，并养成运用英语的习惯。在课堂上用英语进行操练的同时，教师还要注意引导学生在课外活动和生活里使用英语。操练服务于使用，使用是对操练的检查和扩展。只有将操练和使用相结合，英语教学的目的才有可能实现。

第五章 现代大学英语教学模式现状分析

第一节 大学英语课程设置情况

课程设置指依据一定的培养目标，选择课程内容，确定课程门类、学分和教学课时，编排学年及学期顺序，形成合理的课程体系。根据教学要求的基本原则和指导思想，围绕本校学科专业特色建设和发展定位，开展大学英语课程设置，这是高校大学英语教学改革的主要内容。大学英语课程设置改革要通过充分有效的需求分析，整合各种教学资源，按照本校大学英语教育改革规划，确立校本大学英语课程体系，确保不同专业类型、不同层次、不同需求的学生在英语应用能力方面得到充分的训练和提高。

大学英语课程不仅是一门语言基础课程，也是拓宽知识、了解世界文化的素质教育课程，兼有工具性和人文性。因此，设置大学英语课程时，也应当充分考虑对学生的国际文化知识的传授和跨文化素质的培养。大学英语课程的教学目标是培养学生的英语综合应用能力、跨文化交际能力和学习策略，使他们在今后的学习、工作和社会交往中能用英语有效地进行交际，同时增强其自主学习能力，提高综合文化素养，以适应我国社会发展和国际交流的需要。在确保大学英语作为通识教育必修课的基础上，各校可以根据实际情况，按照《大学英语课程要求》和本校的大学英语教学目标，设计出适合本校专业人才培养的大学英语课程体系，将综合英语类、语言技能类、语言应用类、语言文化类和专业英语类等必修课程和选修课程有机结合，确保不同层次的学生在英语应用能力方面得到充分的训练和提高。

一、大学英语必修课程设置情况

《大学英语课程要求》对大学英语必修课程的学时和学分没有做出明确要求，

但原则性地要求给予足够的学时和学分,并要求学校充分利用现代信息技术,开发和建设各种基于计算机和网络的课程,保障学生自主学习,满足不同英语起点的学生的个性化学习需要和专业发展的需要。

通过对国内数十所高校的问卷调查,我们把 2000 年和 2015 年作为两个时间节点,对 2000 年以来国内高校大学英语的课程设置情况做了简要的对比研究,重点了解高校大学英语作为必修课程在学分、学时、课程类型等方面的变化,具体情况如表 5-1 所示。

表 5-1

	2000 年		2015 年	
	基本情况	特　点	基本情况	特　点
开设学期	4 个学期	突出大学英语作为一门通识必修课的重要地位	3～4 个学期	大多数高校坚持开设 4 个学期,部分高校把大学英语必修课压缩到 3 个学期,相应地在选修课板块为学生开设各类 ESP 课程,满足学生个性化学习需求
学分	16～24 学分	各高校对大学英语课程普遍比较重视,特别是在本科教学质量评估导向作用下,学分、学时比较充足	8～24 学分	大多数学校在大学英语必修课设置上采取减少学分、学时或者保持相对稳定的做法;部分学校根据校本专业特色和发展定位而维持其较高学分、学时,个别学校在个别专业甚至适当提高了学分、学时
学时	4～6 学时/周		2～6 学时/周	
课程类型	以精读课为主(泛读、快速阅读、学生自学),部分学校单独开设听力课,多数学校在精读课中安排一定的听力教学内容	在听说领先外语教学理念的影响下,突出交际法,但以精读课为主的大学英语课程建设情况依然明显	综合英语课程、视听说课程相结合,部分学校单独开设口语课、写作课	在重视听、说、读、写、译综合能力培养的基础上,普遍将视、听、说作为大学英语必修课的有机组成部分,部分高校还根据专业人才培养的需要(如中外合作办学项目)单独开设口语课、写作课

调查统计结果表明，在我国高校普遍压缩学时和学分的形势下，大学英语必修课的学时、学分普遍减少，而且部分学校减少大学英语必修课学时、学分的幅度还比较大。但大学英语作为一门必修课的地位没有动摇，大学英语教师在教学过程中越来越重视培养学生的英语综合应用能力和跨文化素养。

在大学英语课程类型上，主要以综合英语课为主，英语视、听、说为辅，重视听、说、读、写、译综合能力的培养。在开展以综合英语、视听说为主的课堂教学的同时，多数高校还根据教学要求关于"基于计算机和课堂的英语教学模式"的意见，加强大学英语网络自主学习中心的建设，保障学生课外基于网络的自主学习。不少高校还通过购置或自主开发大学英语学习系统，充分发挥大学英语网络自主学习中心的作用，如要求学生利用大学英语网络自主学习中心的设备条件和软件系统，自主学习、训练大学英语口语、大学英语写作，并将其学习进度情况和效果纳入期末学生考评体系。

由于学生在招生类型及专业发展等方面的差异性，高校在大学英语必修课设置中也有很大的差异性。比如由于我国高校国际化发展的深入，中外合作办学项目在高校招生类型中占有一定的比例，根据这类学生的发展需要，为了突出国际化的特色，通常在大学英语必修课的学分、学时上，都有较高的要求，在开设课程的门类上，往往也跟国际接轨，特别重视对学生的口语、写作等语言输出技能的训练。所以，很多学校对中外合作办学项目学生都单独开设了口语课或者写作课。

二、大学英语选修课程设置情况

大学英语课程设置情况反映大学英语教学主管部门和教育工作者的教学理念。近年来，在我国高校大学英语课程设置方面，大学英语教学界出现了两种完全不同的教学理念取向：一种是把大学英语当成英语专业来教，另一种是坚持大学英语应当为学生专业学习服务的理念。

持上述第一种教学理念的学校，在大学英语教育教学中，参照英语专业的课程设置和教学模式来开展大学英语教学，除了在基础阶段开设综合英语、视听说等必修课程外，在大学英语提高阶段为学生开设各类以提升学生英语应用能力为目标的各类课程，例如英语报刊选读、英语影视欣赏等。根据蔡基刚2010年对全国65所高校的大学英语在完成基础阶段综合英语教学任务后所开出的选修课程统计（详见表5-2），这类大学英语提高阶段的课程设置和教师安排等方面都已经不分大学英语和英语专业了。除了学分和课时的区别外，两个不同专业的学生都可坐在同一课堂选修同一门课。这个趋势由于新生英语水平不断提高，大学英语综合英语必修课程学期数的减少及通识英语选修课程的增加而得到越来越多高校的认可。

表 5-2 65 所高校的大学英语选修课程设置情况调查结果

英语技能类		语言文化类	
课程名称	学校数	课程名称	学校数
英汉英语	48	英美社会与文化	42
英语写作	40	外国影视欣赏	41
英语视听说	37	英语报刊选读	37
英语口语	33	英美文学	31
英汉口译	33	公众演说	26
英语阅读	22	跨文化交际	22
英语听力	20	中外文化对比	20
词汇学	8	英美小说	17
语音学	5	英美概况	13
高级英语	4	英美名作赏析	12

上述第二种大学英语教学理念认为大学英语应当为专业院系服务，培养学生用英语开展专业学习和研究的能力及毕业后用英语从事某种涉外职业的能力。持这种理念的学校，在大学英语提高阶段选修课程的设置方面各有千秋，但其教学观都落脚在专门用途英语（English for Specific Purposes，ESP）的课程设置上，各校根据校本专业特色及发展定位开设各种各样的 ESP 课程，如服务于应用型本科人才培养的知识产权行业英语、涉外律师行业英语、会计行业英语、建筑行业英语、汽车行业英语、IT 行业英语、纺织行业英语、空调制冷行业英语等各类行业英语课程，服务于研究型本科人才培养的学术英语写作、科技英语阅读、管理科学英语、网络科技英语、法律英语等各类学术英语课程。

上述两种截然不同的教学理念在大学英语教育教学改革中的体现，重点反映在课程设置上。不同的教育观念取向，必将影响大学英语教育教学改革的走向及其发展：大学英语是采用英语专业的教学模式，还是坚持为专业学习服务？或者以某一种取向为主，兼顾另一种取向？

　　对于上述问题的回答，每个学校都可能有不同的答案。随着经济全球化、文化多元化、教育信息化、英语国际化的不断深入，随着我国基础教育水平的不断提升，以及大学生入学英语水平的不断提高，全国高校也在不断深化大学英语教育教学改革，ESP 越来越受到重视，以学生发展为驱动，面向高等教育国际化的社会需求，面向学校本科专业人才培养的需求，这是新形势下我国高校大学英语教学改革的主旋律（蔡基刚，2012）。根据分类、分层次教学原则，学校围绕各自的学科专业特色和发展定位，在对大学英语必修课程设置进行改革、切实提高学生英语综合应用能力的同时，纷纷加强 ESP 大学英语选修课程建设，重视通用英语（English for General Purposes，EGP）和 ESP 之间的交叉融合，加大大学英语课程体系的建设力度，不断凝练和固化校本特色的课程体系，更好地服务于本校专业人才培养。

　　在课程设置中，我们坚持专业学习与个人发展相结合，必修课与选修课相结合，课堂教学与自主学习相结合，EGP 和 ESP 相结合。首先，课程设置既要反映专业人才培养方案对学生专业学习的要求，又要充分满足不同招生类型学生在个人兴趣、职业发展等方面的需求。其次，在课程性质方面，不仅充分考虑新形势下学校压缩大学英语课程学分的现实，确保各类学生基础阶段的《大学英语》必修课，又要充分利用学校的通识课（选修模块），陆续开设、建设各类 EGP 和 ESP 课程，在切实提高大学英语必修课效果的同时，尽可能给予学生更多的选择 ESP 课程的机会，最大程度地满足各类学生的不同需求。

　　在深化大学英语教学改革的过程中，不断更新教育观念，努力破解 EGP 和 ESP 课程之间的误区，将综合英语类、语言技能类、语言应用类、语言文化类和专门用途英语类等必修课程和选修课程有机结合，搭建科学、合理、系统的大学英语课程体系，突出校本特色，确保大学英语四年不断线，确保不同类别、不同层次的学生在英语应用能力和跨文化素养方面得到充分的训练和提高。

　　高等教育国际化背景下，大学英语课程的重要性不言而喻。但随着我国高校本科人才培养计划的不断改革，特别是对学分、学时的大幅压缩，大学英语课程在全校通识教育必修课中的地位普遍被削弱，而与此同时，对大学英语教师提高教学水平、提升学生英语应用能力的预期却有增无减，大学英语教育教学改革面临着前所未有的压力与挑战。大学英语教育教学改革的关键还是教师。大学英语教师不仅要充分调动自身的积极性和主观能动性，而且要通过自己不懈的努力，尽可能争取管理者的理解和支持，最大程度地为学生的专业学习和个人发展服务。这也是我们开展大学英语课堂教学研究的根本原因所在。

第二节　现代大学英语教学模式

一、现代教育技术与大学英语课程教学的融合

随着高等教育改革的不断深入，本科人才培养方案的改革也在不断深化和完善，各高校纷纷修改人才培养方案，调整《大学英语》课程设置。同时，学校管理层对大学英语教学质量也提出了更高的要求，这就给大学英语基层管理者和一线教师带来了前所未有的挑战。在倡导和保障大学英语自主学习的同时，课堂教学改革是大学英语教学改革成败的关键。近年来，高校扩招使得大学英语教师的工作量越来越大，与此同时，出版业的改制使得大学英语教材出版商越来越注重教材的系统化建设，完备的教材体系和服务为一线教师提供了优良的教学资源和教学课件，其结果却是很多老师课前不准备或者很少准备课件，过于依赖出版社的配套课件。在这种情势下，大学英语教学改革必须充分发挥教师的主观能动性，促进现代教育技术与大学英语课程教学的融合，积极探索顺应新媒介时代发展的教学模式、教学方法，优化教学设计，不仅要向有限的课堂教学要效率，还要加强网络自主学习中心的建设，保障学生的个性化学习及其学习效果。

促进现代教育技术与大学英语课程教学的融合，这是近年来我国高校大学英语课程教学发生教育学转向的重要表现。这种转向不仅表现在教育学理论、教育技术对于大学英语教学改革的意义上，而且表现在课程论（特别是教学设计）对于深化大学英语教学模式改革、改进大学英语教学效果的重要性。这种转向涉及教育学科与语言科学的一个交叉学科：教育语言学。教育语言学是一门关于语言教育的科学，它以教育为载体，以语言为教授对象（俞理明，袁平华，2004）。深化大学英语课堂教学改革，需要充分认识其学科属性，用现代教育教学理念和理论指导课堂教学，充分利用现代教育技术改进课堂教学效果。

第五章 现代大学英语教学模式现状分析

为了全面客观地了解高校大学英语教师在媒体技术、教学法与大学英语课程整合方面的情况，2012年在北京、河南、湖南、广东等省市14所高校120余位大学英语教师中进行过一次问卷调查，共收回有效答卷110份。

在问卷设计中，我们坚持以下原则：

第一，调查样本数量适中，调查对象有一定的代表性。

第二，按照多媒体技术应用和教学法这两个大类分别设计相应数量的问题。

第三，每个大类中的问题按照Level排序，受访者可以多选（因为教师的现代媒介素养在有些方面的表现可能是跳跃式的，有些能力具有交叉性，所以并不存在一个确定的递增序列）。

第四，除了多媒体技术应用和教学法的调查内容，同时统计每位受访者的个人基本信息：

①工作单位：（   ）

②年龄：（   ）

③教龄：（   ）

④性别：（   ）   A.男 B.女

⑤学历：（   ）   A.本科 B.学士 C.硕士 D.博士

⑥职称：（   ）   A.助教 B.讲师 C.副教授 D.教授

⑦您2011～2012学年主讲的大学英语课程有：（   ）

⑧您2011～2012学年每周学时数：（   ）

  A.1～8 B.9～12 C.13～16 D.≥17

⑨您任课班级的平均人数：（   ）

  A.<30 B.30～50 C.>50

⑩您的教室情况：（   ）

  A.普通教室（无多媒体） B.多媒体（不能上网） C.多媒体（能上网）

此次问卷调查旨在了解：大学英语教师在教学中对ICT（information communication technology）的应用情况如何；大学英语教师的教育观念和教学方法取向如何；大学英语教师的教育观念和教学方法取向与其ICT应用情况之间是否存在正相关。

为了确保调查问卷分析结果的效度，我们还做了复本问卷，问卷收集过程中对无效问卷和缺失值进行了适当的处理。收回的有效问卷中，女教师90名，占总人数的81.8%；30～40岁教师53人，30岁以下教师36人，40岁以下教师占 80.9%；具有硕士以上学历的教师 89 人，占总人数的 80.9%；接受调查的教师本学年同时担任读写（综合）与视听说两门课的老师 81 人，占总数的 73.6%；每周授课时数为 16 学时以下的教师 88 人，占总数的 80%；授课班级人数为 50 人以上的占 72.7%；使用多媒体课室的 94 人，占总数的 85.5%（见表 5-3）。

表 5-3 受访大学英语教师基本信息统计

		频率	百分比	有效百分比	累积百分比
有效	女	90	81.8	81.8	81.8
	男	20	18.2	18.2	100
	合计	110	100	100	
有效	大于 50 岁	4	3.6	3.6	3.6
	41～50 岁	17	15.5	15.5	19.1
	30～40 岁	53	48.2	48.2	67.3
	30 岁以下	36	32.7	32.7	100
	合计	110	100	100	
有效	博士	2	1.8	1.8	1.8
	硕士	87	79.1	79.1	80.9
	本科	21	19.1	19.1	100
	合计	110	100	100	
有效	听说或视听说	10	9.1	9.4	9.4
	读写或综合	15	13.6	14.2	23.6
	读写（综合）与视听说	81	73.6	76.4	100
	合计	106	96.4	100	
缺失	9	4	3.6		
	合计	110	100		

续 表

			频率	百分比	有效百分比	累积百分比
周时数	有效	13～16学时	29	26.4	26.4	46.4
		9～12学时	43	39.1	39.1	85.5
		1～8学时	16	14.5	14.5	100
		合计	110	100	100	
班级人数	有效	50人以上	80	72.7	74.1	74.1
		30～50人	22	20	20.4	94.4
		30人以下	6	5.5	5.6	100
		合计	108	98.2	100	
	缺失	9	2	1.8		
	合计		110	100		
教室条件	有效	多媒体（不能上网）	51	46.4	46.4	46.4
		多媒体（能上网）	43	39.1	39.1	85.5
		普通教室（无多媒体）	16	14.5	14.5	100
		合计	110	100	100	

通过对问卷"多媒体技术在大学英语教学中的应用情况"的数据分析，我们发现大学英语教师在教学中应用多媒体技术的情况（见表5-4）集中表现在T3（85%）、T4（89%）、T5（85%）、T6（23%）等四个方面：

（ ）T3 我会使用多媒体课室授课，上课时能够使用与教材配套的多媒体课件、播放教材CD光盘。

（ ）T4 为了备好课，我经常上网通过百度、谷歌、维基百科等查询、组织教学资源，会使用 E-mail、QQ、微信等网络通信工具跟同学进行必要的交流。

（　）T5　我能够熟练地运用文字操作系统、演示工具、电子表格等软件（如 Microsoft Office）备课、处理教学材料，上课时不局限于教材配套的多媒体课件，自己课前都要进行一定的修改加工。

（　）T6　根据教学需要，我经常用数码相机、音频/视频数码录像机、简单的动画制作软件等，自己动手将下载的图片和现成的音像素材剪辑制作成多媒体教学课件，必要时会让学生提供一些帮助。

表 5-4　受访大学英语教师在教学中应用多媒体技术情况统计

ICT 倾向统计量

	T1	T2	T3	T4	T5	T6	T7	T8
N	110	110	110	110	110	110	110	110
均值	.05	.15	.85	.89	.85	.23	.17	.02
标准差	.209	.363	.363	.313	.363	.421	.897	.134
方差	.044	.132	.132	.098	.132	.177	.805	.018
和	5	17	93	98	93	25	19	2

通过对问卷"教学理念和方法"的数据分析，我们发现大学英语教师在教学理念、教学方法的情况如表 5-5 所示，即按比例从高到低依次为 P2（73%）、P3（53%）、P4（35%）、P1（24%）。

表 5-5　受访大学英语教师的教学理念和方法情况统计

	P1	P2	P3	P4
N	110	110	110	110
均值	.24	.73	.53	.35
标准差	.427	.447	.502	.481
方差	.182	.200	.252	.231
和	26	80	58	39

为了客观全面地了解多媒体技术应用与教学法之间的相关性，我们对调查问卷有效答卷进行统计，运用 SPSS，分析发现 T6 和 P3 之间存在中度相关性、T2 和 P1 之间存在高度相关性（见表 5-6）。

表 5-6　多媒体技术应用与教学法相关性统计

		P3	P1	T2	T6
P3	Pearson 相关性	1	.012	.052	0.209*
	显著性（双侧）		.897	.588	.028
	N	110	110	110	110
P1	Pearson 相关性	.012	1	0.295**	-.097
	显著性（双侧）	.897		.002	.311
	N	110	110	110	110
T2	Pearson 相关性	.052	0.295**	1	-.172
	显著性（双侧）	.588	.002		.073
	N	110	110	110	110
T6	Pearson 相关性	0.209*	-.097	-.172	1
	显著性（双侧）	.028	.311	.073	
	N	110	110	110	110

注：＊＊．在 0.01 水平（双侧）上显著相关。

＊．在 0.05 水平（双侧）上显著相关。

T2 和 P1 之间的高度相关性表明：教学理念比较传统的老师很少在课堂上使用多媒体技术；T6 和 P3 之间的中度相关性表明：信奉建构主义学习观的老师的计算机素养比较高，能够充分地将多媒体技术应用于大学英语教学之中。进一步的分析表明：信息技术课程教学整合情况与教学效果之间存在正相关；学校教育技术条件与教育技术应用之间存在正相关；个人在信息技术课程整合方面的成长与外语教学界整体发展情况之间存在正相关；英语教学法中，传统教学与多模态教学各有所长，不能一概而论。通过问卷数据分析，特别是通过相关性分析，我们比较全面客观地了解了当前大学英语教师的教学理念、教学方法和多元识读素养。

　　当然，该问卷调查存在一定的局限性，比如缺乏对于诸如ICT素养与教学理念、教学方法之间是否存在不对称性等问题的研究，而且有必要进一步调查研究其他变量（如性别、教龄、工作量、班级规模、教学条件）对大学英语教师应用多媒体技术情况和效果的影响。

第三节　新时代背景下大学英语教学策略与学习策略改革

　　教学策略是教师在课堂上为实现预期教学目标所采取的一切有效原则和教学行为，它对教学的有效实施和教学质量的提高起着重要作用。而学习策略是学习者为提高学习效率而有目的、有意识地制定相关学习过程的方案，它对提高学习效率和培养学习能力非常有利。在英语教学改革新形势的背景下，大学英语教学策略与学习策略也需要不断更新和变化，以更好地促进大学英语教学质量及学生学习效率的提高。本节就针对大学英语教学策略与学习策略的改革展开具体分析和论述。

一、新时代背景下的大学英语教学策略改革

　　在现在的英语教学中，教学策略的运用十分关键。运用得当，教学效果能够得到显著提升；运用不当，教学质量可能大打折扣。因此，现代大学英语教学必须关注教学策略的科学运用。在教学改革的背景下，管理策略、提问策略、激励策略在大学英语中经常被用到，本节就对这几种教学策略进行说明。

（一）管理策略

　　教学是一个动态的过程，要保证教学的顺利进行，就离不开教师对课堂行为及活动的管理与控制。所谓课堂管理，是指教师在教学活动中通过协调课堂内各种人际关系，吸引学生积极参与课堂活动，使课堂环境达到最优化的状态，从而实现预定教学目标的过程。管理策略的实施能有效保证课堂教学活动的顺利进行。

　　1. 管理策略的作用

　　（1）通过创设好的课堂环境，促进课堂活动顺利进行。

　　良好的课堂环境能有效完成外在控制向内在控制的转化，使学生形成自律心理机制，进而可以减少产生矛盾与冲突的可能性，并消解许多潜在的矛盾与冲

突。而课堂管理就可以创造这样的课堂环境，并能通过良好的课堂环境促进课堂活动顺利进行。

（2）通过交流与互动，保证课堂活动的有效展开。

课堂中的互动主要由人与人之间、人与环境之间的相互作用和相互影响构成，有效的课堂管理可以促进师生与生生之间的对话和信息交流，而这种互动又能进一步促进课堂活动充分展开，进而促进学生知识经验的获得、心智的开启、能力的发展，以及教师课堂教育教学质量的提高。只有实现了人与人之间、人与环境之间的有效交流，才能保证课堂教学不流于形式化。

（3）通过激发课堂活力，促进学生的持久发展。

课堂活动对于学生具有个体生命价值，蕴含着巨大的生命活力。只有生命活力在课堂上得到有效挖掘，才能有真正的课堂生活，课堂上人的生长才能真正实现。课堂管理就是要调动各种可能的因素，挖掘课堂的活力，发挥其生长功能，这样，课堂的生长就可以为学生的进一步发展奠定基础。

2. 管理策略的原则

管理策略的实施应该遵循一定的原则，至于是何种原则，学者们观点不一。但不管是什么观点，管理策略都必须坚持两个原则：有助于维持课堂秩序，不伤害学生的人格与自尊。

（1）有助于维持课堂秩序。

教学管理的目的是维持课堂秩序，这不仅是教师的事情，也是学生的责任，具体表现在以下几个方面：

① 了解学生的兴趣和需要。

② 处理好师生之间的关系。

③ 促进学生培养良好的课堂行为。

④ 增强学生的自律意识。

⑤ 建立师生之间共同的行为标准。

（2）不伤害学生的人格与自尊。

大学英语教学中，如果学生出现什么问题，教师要本着人文主义精神对学生进行积极的引导，要尊重学生，不能随意伤害学生的人格与自尊。具体来说，教师应该做到以下三点：

① 尽量避免惩罚行为。

② 注重公平性和个体的差异性。

③找出课堂问题行为的成因。

在以上原则的基础上,教师还要结合教学的实际情况来管理英语教学。从近些年国内外的研究和教学实践来看,加强教学管理的知识和技能的培养已经成为世界性的发展趋势。有学者指出,出色的教学管理不仅意味着将教学中的不良问题降到最低,还意味着能及时在问题出现的时候进行有效的干预。因此,教学管理策略应该以学生为中心,使学生可以积极主动地参与到学习中,从而建立良好的师生关系,形成一种相互尊重、相互信任的教学氛围。

3. 管理策略在大学英语教学中的运用

为了维持教学秩序,提高教学效率,教师可以采用纪律管理策略和时间管理策略对教学加以改进。

(1) 纪律管理策略。

课堂纪律是维持课堂秩序的手段,教学离不开纪律管理,纪律管理是有效教学的重要保证。课堂管理是指那些能够有效鼓励学生参与课堂学习的话语、行为和活动,而纪律是指评判学生行为是否适当的标准。此外,课堂纪律还具有社会功能,具有内化道德规范、促进学生健康成长的作用。

课堂纪律管理包括纪律维持和违纪处理两个方面。对于听话的学生来说,学生本身具有自控能力,教师的一句警告就可以约束学生的不良行为;对于比较叛逆的学生,只有对他们的违纪行为进行处理才不会影响到他人。可见,矫正学生的问题不是一件容易的事情,因此教师应该在这些问题还没有出现的时候采取一定的预防措施,减少这类问题发生的概率。

①发挥学生的自我管理功能。例如教师可以组织小组活动,让学生相互监督。

②发挥教师的管理功能。课堂教学多是由教师自己来组织课堂纪律的,因此教师应该根据实际情况采用多样化的课堂纪律管理手段,以维护课堂纪律。

③设计有趣的学习任务。例如教师可以根据所学内容设计一些游戏活动,激发学生的学习兴趣,促进学生的参与,课堂纪律自然也就得到了保持。

④正确处理课堂管理和教学之间的关系。在传统英语教学中,教师将大部分精力放在了"教"上,对教学管理的重视程度不够,这就导致很多学生人在心不在,无论教师怎么努力,学生的学习效果依然得不到改善。

(2) 时间管理策略。

时间管理策略要求教师有效地利用教学时间,使学生最大程度地参与到学

习活动中,从而保证教学的高效率。有效做好时间管理,主要从以下几个方面着手:

① 教师应该激发学生的学习兴趣,让学生主动参与到学习中,提高学生的学习积极性。

② 教师要保持教学活动的流畅性和紧凑性,让学生总是有事可做,不被轻易打断。

③ 要合理分配时间。课堂的时间主要包括教学时间、投入时间及学生学习时间。按照课程表的内容,教师应该将这些时间进行合理的分配。

④ 鼓励学生进行自我管理。

（二）提问策略

1. 提问策略的作用

提问策略作为一种教学行为方式,主要是教师运用知识通过提问对学生的学习情况进行检查。简单来说,提问策略主要具有如下几个方面的作用:

（1）激发学生的学习兴趣,调动学生的积极主动性。

（2）刺激学生的参与意识。

（3）促进学生的思维发展。

（4）有助于教师分析解释疑难问题。

（5）有助于教师检查某些细节性问题。

（6）有助于教师检查学生对问题的理解和掌握情况。

2. 提问策略的原则

提问是一种常见的课堂活动,看起来简单,实际上需要遵循科学的原则方能发挥良好的功效。为提高提问的质量,教师在提问时应该遵循以下几项原则:

（1）主题性原则。

每一堂课的教学都有一个突出的主题,因此提问也要围绕这一主题展开,紧扣难点和重点,由浅入深、由易到难,使学生一步步地深入。脱离了主题的提问是没有任何意义的。在提问过程中,教师可以先设问,再反问,进而进行追问、深问,使学生的认识逐渐深化、提高。

（2）启发性原则。

教师的提问必须具有一定的启发性。所提出的问题要能够激发学生的求知欲,使学生参与到问答活动中来,刺激学生去思考,引发学生进行自主探究,从而促进学生创造能力和思维能力的提高。在具体的教学过程中,教师要根据课程类型的不同采取不同的提问方式。当学生给出的回答过于简短时，教师要进行追问，鼓励学生对自己的答案进行解释和说明，扩展和丰富自己的答案，启发学生的思维。对于教学过程中出现的知识难点或是模糊的地方，教师要进行有针对性的提问，有目的地对学生加以点拨，帮助其突破难点。总之，教师的提问要能够启发学生思考，帮助学生形成全面的认知结构。

（3）兴趣性原则。

兴趣是学习的内在动力，因此教师的提问必须具有兴趣性。为此，教师要结合教材和学生的心理特点提出具有挑战性和启发性的问题，还要善于抓住最佳的提问时机，以激发学生的兴趣。具体来讲，教师可以在课堂开始时向学生提出一些展示性或事实性的问题；当学生处于思维高度活跃时，教师可以提出一些具有开放性、推理性、参考性的问题，这类问题没有固定的答案，有助于学生对所学内容的分析和理解，可以提高学生的兴趣，有利于他们积极思维状态的保持；当学生的思维转入低潮时，教师需要提出一些具有巩固性和强调性的问题，以此来重新激发学生的学习兴趣。

（4）互动性原则。

提问要遵循互动性原则。在提问的过程中，教师应允许学生发表个人意见，允许学生插话，且尽量使提问的态度亲切温和，避免使学生产生紧张心理。此外，学生回答时教师应耐心聆听，点评时应注意用鼓励性的话语去激发学生的求知欲，还要鼓励学生多向同学和教师提问，使学生主动参与到课堂教学活动中，形成互动、和谐、轻松、平等的学习气氛。

（5）层次性原则。

教师的提问必须具有层次性，这就要求教师在提问时必须紧扣教学内容的重点和难点等关键内容，要对教学内容的逻辑顺序、内在联系和学生的已有知识和能力进行深入的分析，然后按照由浅入深、由易到难的规律设计一系列问题。

教师在提问时要注意循序渐进，根据学生的不同水平逐步深入。例如对于学习一般的学生可以提一些层次较低的、机械记忆的问题，而对于学习较好又善于思考的学生则可以提一些需要通过分析、比较、总结等方法对信息进行组织的问题，这类问题需要经过高级思维才能得出答案，可以很好地锻炼学生的思维能力。

3.提问策略在大学英语教学中的运用

（1）提问计划。

教师在备课的时候要提前准备提问的问题，因为即兴提问虽然比较灵活，但是往往会出现语言组织问题或是顺序安排缺乏逻辑性的问题,很难达到预定的教学目标。因此,在课堂教学开始之前,教师应该做好提问准备。这种准备主要包括以下几个方面:

① 确定提问目的。开展提问活动之前,首先要确定提问目的。教师在备课时要明确课堂教学中提问应达到的目标,因为课型不同,教学目标不同,提问目标也就不同。同样,如果提问目标发生了变化,问题的类型也就会有所差别,提问的层次也会发生变化,所采用的技巧也会随之发生改变。

② 选择提问内容。在课堂教学中,教师提问的侧重会成为学生学习的重要依据,因此,教师在选择提问内容时要慎重,不应选择容易提问或不重要的内容进行提问,以免对学生产生误导。

(2)问题设计。

问题设计策略是指教师恰当、有效选择问题的方法和技巧,包括如何对问题进行简化、调节、追问、激发思维和增加挑战性等,使问题清楚易懂,更符合学生的特点,利于培养学生的思维能力。在问题设计过程中,教师应该注意以下几点:

① 调节。教师所提出的问题要与学生的知识水平和思维能力相符合。

② 简化。教师提出问题的语言要简单、清楚,要尽量使用学生熟悉的词汇进行提问。

③ 讲究趣味性。所设计的问题可以不必太拘泥于教材,对教材内容加以灵活处理,设计一些贴近学生实际生活又与课文相关的问题,以提高学生的兴趣,引发学生积极讨论。

④ 以学生为中心。所设计的问题要以学生为中心,充分发挥学生的主体作用,引导学生发现问题、积极思考问题,培养学生创造性的思维能力。

⑤ 由浅入深。所设计的问题可以从不同角度出发,由浅入深、由易到难,引导学生多方面地进行思考,同时使学生有机会取得成功。

(3)提问控制。

提问控制策略是指教师在提问过程中要有意识地调整提问的方式,对教学内容、教学进度起到控制作用。教师在提问时应注意以下几点:

① 要将问题镶嵌在教学设计或教案中。

② 设计的问题能够吸引学生的注意力和参与意识。

③ 提出的问题要清晰、简短,切中要害。

④提出问题后要留出一定的时间让学生思考或做好回答的心理准备。
⑤非语言行为如眼神、站姿等应与所提问题协调一致，以启发、鼓励学生。
⑥学生回答不精确或不完整时需要继续提问，不必马上给出明确的答案。

（4）提问评估策略。

提问评估策略指的是教师用于反馈的手段。教师要及时对学生的提问或回答做出应有的评价，这是提问有效进行的重要保证。常用的提问评估方式有以下几种：

①引用。引用是指教师陈述答案或总结时引用学生的语言，它是一种间接的表扬，其效果比口头表扬更好。引用会让学生有被认可感、成就感，增加学生的自信心，进而促使学生向更高的目标努力。

②表扬。教师的表扬是对学生能力的一种认可，特别是那些能力相对较差的学生更需要得到教师的表扬，教师的表扬可以唤回他们的自信心，从而帮助他们走向成功。

③鼓励。在英语教学过程中，教师的鼓励对学生具有重要意义。当学生不能回答教师提出的问题或学生的答复不得当时，教师切不可冷言相对，挫伤学生的自尊心，而是应该给予学生适当的鼓励，帮助学生分析原因，找出正确答案。

（三）激励策略

激励策略，顾名思义就是能够激发学生学习兴趣，使学生积极参与学习活动的方式方法。显然，激励与动机有着密切关系，激励的目的就是让学生产生学习动机。可以说，用来控制影响动机的因素、激发学习动机的有效教学方式构成了激励策略的内容，如环境、教师的榜样、奖励和惩罚等。激励策略的使用对于大学英语教学质量的提高也起着重要作用。

1.激励策略的作用

激励策略主要具有如下几个方面的作用：

（1）有助于激发学生的学习热情与参与意识，使学生积极回答问题，积极参与课堂活动，从而提高学习效率。

（2）有助于维持学生的学习热情，保证精力的投入。

（3）有助于学生树立远大的目标，提高英语水平，克服学习中的困难，并在竞争条件下取得好成绩。

2.激励策略的原则

（1）兴趣性原则。

快乐是人的基本需求，人们喜欢能够为他们提供生理的、认知的、心理的快乐活动。反之，则会对该活动产生厌倦。由此可见，既然学习本身是一个艰巨的任务，那么如果学生对其缺乏兴趣，就很难参与其中，从而不利于学习效率的提高。为避免这一点，教师可以从以下几个方面着手：

① 把学习内容和学生的经历联系起来。
② 根据学生的兴趣爱好设计教学活动，投其所好。
③ 提供与学生看法相悖的观点，组织学生讨论。
④ 将幽默故事、趣闻轶事融入课堂教学中。
⑤ 设计脑激励活动，培养学生的发散性思维。
⑥ 授课的语音、姿势、眼神、表情等都应避免死板乏味，否则无论教学内容多么有趣，学生也不会感兴趣。

（2）自主性原则。

一般来说，人们对于命令都有一种天然的抵制心理，而自主则是人与生俱来的需求。每个学生都不喜欢被强制参与自己不喜欢的活动，都希望拥有自我选择的自由。因此，在大学英语教学过程中，教师要尊重学生的自主性，使其能够主动地参与学习活动。教师应努力做到以下几点：

① 让学生决定完成作业的方式、地点和时间。
② 让学生自己审查自己的不良举止，尽量不惩罚学生。
③ 为学生提供多种完成学习目标的活动，让学生自己决定活动的方式。
④ 鼓励学生自己拟定学习目标，并对自己的学习行为进行监控。
⑤ 可能的话，让学生自己决定课堂程序的安排。
⑥ 尽量让学生对自己的行为进行评估，培养其责任意识。
⑦ 给学生以心理上的安全感，避免学生对于他人批评或嘲讽的担心，鼓励学生大胆地发表自己的观点和看法。
⑧ 如需限制学生的行为，应给予合情合理的解释，并表示愿意虚心接受不同的意见。

（3）自尊原则。

自尊是一个人希望得到尊重的心理，它能够激发学生的学习动机，使人增强信心，努力进取，获得认可。对此，教师可以从以下几个方面着手：

① 创造轻松的学习环境，使学生能够畅所欲言，积极思考。
② 对学生高期望、高要求，并帮助他们实施计划，实现预期目标。

③ 帮助学生正确对待自己的成功和失败，做到接受并改正错误，继续努力，获得更大的成功。

④ 无论学生取得的成绩怎样，只要学生努力了，教师都应对此予以充分的肯定和鼓励。

⑤ 对学生正确的学习态度和方法给予充分的肯定。

⑥ 鼓励学生参照以前的成绩和自己的目标正确评价自己，认识到自己的不足和成绩，有针对性地开展下一阶段的学习。

（4）自我实现原则。

学生畏惧学习或对学习没有兴趣主要是因为缺乏自信心。很多学生也经历过刻苦的学习，但因为学习不得要领等原因屡遭失败，从而丧失了对学习的兴趣。而部分学生由于方法得当，能够时常体会到成功的乐趣，对自己的能力充满信心，也对英语学习产生了浓厚的兴趣。由此可见，每个学生都不是天生就排斥学习，只是因为未能取得一定的成绩而自信心受挫。一旦让学生体会到成功的喜悦，证明了自己的能力，其学习动力就会越来越大，克服困难、持之以恒的信念才会更加坚定。为帮助学生完成自我实现，激发学习兴趣，教师可以从以下几个方面进行引导：

① 让学生自行制定评估自己学习的标准。

② 为学习成绩较好的学生提供挑战性较强的任务。

③ 允许学生参加没有惩罚和对比性质的同级补考。

④ 教师安排的学习任务必须与学生的实际能力水平相符合。

⑥ 采用标准参照评估程序，以此避免传统教学中所谓"好学生"和"坏学生"的对比给后者带来的负面影响。

⑦ 设计弹性评估程序，使学习好的学生能看到自己的成就，使学习较差的学生也能看到自己的收获和进步。

（5）归属感原则。

心理学认为，人在成长过程中最害怕的就是被孤立、被否认。每个人都希望能够被接纳、被认可，找到归属感，这一点同样也存在于学校中。无论是班上被教师捧在手心里的好学生，还是被教师整天抱怨或者不屑一顾的后进生，无不在这个班级里寻找自己的位置，希望得到大家的认可，并融入整个班级里去。部分学生因为缺乏归属感而变得自卑，与其他同学脱节，自暴自弃，丧失了学习的动力。因此，激励机制下的英语教学应给予学生这样的归属感，使学生被认可、被满足，这样才能提升学生学习的动力。为了实现这一点，教师可以从以下几个方面着手：

① 帮助学生学会聆听他人的感受，接受他人，只有这样，学生才能做到相互理解、相互包容。

② 尽可能组织小组互惠活动，以此培养小组合作精神和良性的依存关系。

③ 使学生正确认识奖赏，不要让学生为了有限的奖赏而竞争。

④ 注意学生的情绪波动，帮助学生排忧解难，并指导学生不能利用自己的负面情绪伤害其他同学。

⑤ 不能因小组内某些学生的表现惩罚另一部分学生。

⑥ 评估课堂活动中学生之间的关系。

3. 激励策略在大学英语教学中的运用

（1）兴趣激励策略。

兴趣是最好的老师，那么，最好的激励策略也就是能够激发学生兴趣的策略。需要指出的是，兴趣是一个非常复杂的心理现象，它的培养不是一朝一夕可以完成的，而需要长时间的积累和引导。心理学上有一个重复定律：任何行为和思维如果不断重复就会不断得到加强。对于学生而言，每当他取得进步时，如果教师给予持续的肯定和鼓励，他就会一直保持学习的动力，继续积极主动地学习，长时间下来，学生就会养成这一良好习惯，习惯成自然。

（2）目标激励。

在大学英语教学中设立合适的教学目标，可以极大地激发学生的学习动机。因此，教师在具体的教学过程中应给学生提供明确、具体可行的目标，并给予学生指导，将这个目标转化为实际行动，使他们感到学有所获。在教学过程中的目标激励应注意以下几点：

① 设立的目标难度要适当。目标过高，学生经过艰苦努力后也很难实现，不但无法激励学生，甚至可能会挫伤学生的学习兴趣、学习信心；目标过低，学生很容易就能实现，对学生来说缺乏挑战性，也就无法实现有效激励。

② 设立的目标应具有层次性和阶段性。目标具有层次性，可以使目标对不同水平的学生都能起到激励作用；目标具有阶段性，可以使学生在实现某一阶段目标后，在循序渐进中不断获得成功的体验，从而增强学生向更高目标进取的信心。

③ 教师设立目标后必须为这些目标的实现创造条件，引导、帮助学生去实现这个目标。

（3）榜样激励策略。

榜样激励是指教师选一些学习态度端正、成绩良好的学生作为全班的榜样，从而激励其他学生向其靠拢，进而使全班形成积极向上、努力拼搏的良好气氛的策略。榜样激励法的实施可以从以下三个方面进行：

① 选择成绩优秀、稳定或进步较快的学生，让他们向全班同学介绍学习方法，分享学习心得，从而感染其他学生产生学习的欲望。

② 通过向学生介绍中外名人语言学习的经验和事迹来激励学生。

③ 教师要以身作则，主动提高自身的英语综合素质和教学综合素质，一方面能给学生更好的指引，另一方面也能为学生树立良好的榜样。

（4）情感激励。

大学英语教学过程不仅是学生和教师共同参与的学习知识和技能的教学活动过程，也是特定情境中的人际交往活动。心理学的研究证明，情感对人类行为动力施以直接影响，所以在教学活动中，师生之间的相互作用、情感交流也能达到激发学生学习动机的目的。教师在教学过程中采取情感激励应注意以下几点：

① 教师在教学过程中不但要提高自己的教学艺术，让学生得到轻松、愉悦的体验，而且要给学生提供成功的机会，让学生得到成功的快乐体验。

② 教师应该尊重和信任学生。学生如果获得教师的尊重、信任，就会把教师的这种情感转化为自己学习的内部力量，以极大的积极性投入到学习中。

③ 要对学生抱有期望。教师在自己的一言一行中表现出对学生的信心、期望，学生会从教师对待自己的态度中理解教师的期望，从而更加自信、自强，激发出积极进取的内部动力。

二、新时代背景下的大学英语学习策略改革

学习策略对语言学习有着至关重要的作用，它是促进学生学习的有效措施，也是学习者更有效地进行学习的基本思路和行为思想，关系着语言学习的成败。因此，掌握科学的学习策略对学生的英语学习十分重要。这里就来探讨大学英语学习策略改革。

（一）认知策略

所谓认知策略，即学生为了完成某项学习任务而采用的方法、步骤。它由学生关于如何学习的知识构成，是一种具有目的性的行动思路，对大学生的英语学习有着十分直接的影响。

1. 认知策略的内容

概括来讲，认知策略主要包括以下内容：

（1）复述：将输入信息中需要记忆的内容进行复述。

（2）组织：根据句法属性或语义对概念和词等进行分类。

（3）猜测：运用书面信息或口语来预测结果、猜测词义、填补空缺信息。

（4）联想：建立起知识之间的联系。

（5）演绎：运用一定的规则来理解语言。

（6）归纳：通过使用例子来总结规则。

（7）总结：对输入信息进行周期性总结，以便更好地记忆。

（8）意象：运用视觉表象来实现对新信息的理解和记忆。

（9）迁移：通过对已有语言知识的运用完成新的学习任务。

（10）注意：将思想集中于重要信息或与学习有关的信息上，要对信息材料保持高度的警觉。

（11）精加工：在已有信息与新信息之间，或在新信息之间建立命题联系并加以整合。

（12）简化：运用数字、符号、缩写、关键词等记录和储存信息。

2. 认知策略的培养

认知策略是一种重要的英语学习策略，也是大学英语教学中的一项重要能力。认知策略是一种程序性知识，要掌握它必须采用符合程序性知识学习的方法，让学生在学习中有意识地运用、练习方能内化为学生自己的东西。

（1）举例示范。

从本质上看，认知策略是一种内在调控技能，其规则反映了人类认知世界的规律。而人类的活动往往潜藏于人的内部，无法从外部直接观察到，教师很难通过直观演示的方法将这类概念和规律教授给学生。所以，教师如何通过具体的实例向学生示范策略应用的情形是认知策略教学的一个难点。

（2）反复练习与运用。

认知策略中涉及的概念、规则都具有高度的概括性，运用起来也有很大的灵活性。只通过短期的训练与教学无法使规则支配自身的认知行为，提高自身认知活动的效率。因此，英语认知策略教学必须在长期、反复的练习过程中才能得到很好的巩固与强化，才能取得一定的成果。

（3）符合认知发展水平。

认知策略是建立在学生认知能力基础上的学习策略，因此，必然受制于学生自身的认知发展水平。智慧、技能的习得取决于对低一级智慧、技能的掌握程度。因此，学生认知策略的习得与其整个认知发展水平密切相关。例如如果学生的头脑中没有分类的概念，教师就很难直接教他们如何利用分类来记忆知识。

总体而言，在大学英语教学中，教师不仅要教授学生语言方面的知识和技能，也要培养学生的认知策略，以使学生掌握正确的学习方法和学习策略，提高自我控制与调节能力，进而提高学习效率。

（二）自主学习策略

所谓自主学习，就是学习主体主导自己的学习。在我国，不论自主学习被认为是一种能力还是一种行为，学习者自主应该受到高度重视和着重培养这一观点已被广为接受。新修订的大学英语教学大纲也印证了这一观点，其规定"学生个人学习方法的形成及自主学习能力的培养是教学改革成功与否的重要标志"。可见，自主学习能力对学生而言非常重要。

1. 自主学习策略的作用

（1）自主学习是学生个体发展的需要。

自从英语教学在我国开展以来，国家和学校都投入了大量的人力、物力及财力，以求最大程度地提高人们的英语水平。即便这样，如今我国国民的英语整体水平仍不尽如人意。之所以会产生这样的结果，是因为我国传统的英语教育只重"教"，不重"学"，片面强调教师的知识输出，忽视了作为学习主体的学生对知识、技能的输入；强调唯一性和标准化，忽视了学生个体差异。不同的学生有着不同的学习风格，学习风格又对学习有显著影响。而造成学生存在个体差异的原因既有先天，也有后天的。虽然很难改变学生的先天因素，但能通过培养学生的自主学习能力来弥补个人学习风格上的缺陷，使学生的学习效果达到最佳，使自己获得更好的发展。

（2）自主学习是发展终身教育的重要条件。

快速发展的科技水平及不断提高的职业要求使人们意识到在学校学到的东西已经无法满足时代变化的需求，认识到只有不断地进行自主学习，完善自身，才能更好地实现自身的价值。因此，自主学习就成了个人终身教育的一个需要。

终身教育体系不但冲击了将人生分为学习和工作两个阶段的传统观念，而且打破了传统学校教育体系的封闭性和终极性，使教育成为人们终身的活动，成为工作、生活甚至生命的重要组成部分。一旦学生具备了终身学习的意识和自主学习的能力，将会更好地应对这个不断变化发展的时代。

2.农村生源的学生英语自主学习能力的培养

在中国各大高校中，来自农村的学生占有很大比例，由于我国经济发展不平衡，教育资源分布不均匀，这部分学生在进入大学后比城市学生较难适应大学教学模式，自主学习能力薄弱。因此，这里重点针对来自农村学生的自主学习进行分析和探究。具体来讲，以下主要基于自主学习理论，通过分析他们的特点，提出了提高他们自主学习能力的有效途径，以期帮助他们更快、更好地适应大学英语教学模式，从而实现英语综合应用能力的提升。

（1）来自农村的学生自主学习的特点。

他们在中学阶段大多接受的是传统授课方式，自主学习能力较弱，表现出不适应的特点。如受方言或多或少的影响，来自农村的学生大多英语发音不够标准，过多地强调应试，忽视听说能力的培养，导致英语听说能力相当薄弱，自主学习中的听力口语部分表现吃力。由于师资原因，英语基础也不如城市学生扎实。就外部因素而言，由于来自农村的学生接触外国文化或外国人的机会很少，长期在这种缺乏英语氛围的环境中学习，跨文化交际能力不强，文化意识不足，没有充分意识到学习外语是社会和时代的要求，而并非仅是应试。因此，他们过多地集中于课本知识的学习和掌握，对课外知识涉猎较少，在安排自身学习活动时不能灵活应用现代各种资源，学习资源不够丰富，视野较狭窄。在心理方面，农村学生没有城市学生的先天优越性，往往对外表现出谦虚、自卑、被动的特点，有问题时更愿意自己寻求解决办法，不能及时与老师和同学沟通来解决问题。在利用网络和计算机方面不够熟练，影响部分农村学生自主学习的效率和积极性。

但是，农村学生也有自身自主学习的优势。首先，农村学生对于大学的师资和教学设备满意度高，对新的环境和新的教学模式充满了热忱，相对城市学生更愿意积极主动配合教师的自主学习安排，并能认真完成学习任务，只是在自主安排学习内容计划等方面有所欠缺。其次，农村学生更珍惜大学的受教育机会，更加有毅力，能持之以恒完成学习任务。我国长期教育资源发展分布不平衡，能顺利迈进大学校门的农村学子只能是那些平日学习刻苦努力、成绩优异的学生，并且有家庭的支持，因此，他们更珍视受教育的机会。英语需要不断地日积月累，不论听说能力还是阅读、写作、翻译能力都需要大量的练习才能取得进步，农村学生在中学就养成了刻苦钻研、坚持不懈的学习习惯，这正是自主学习的必要条件之一。

（2）提高农村生源学生英语自主学习能力的有效途径。

在大学英语教学中，要有效地提高学生尤其是农村学生的自主学习能力，教师作为自主学习的指导者和协助者要在充分了解学生的特点后，做到因材施教，获得更好的教学效果。针对农村学生在大学英语自主学习中的特点，教师在自身教学观念、角色转变的同时，可以采取有效途径促进农村学生自主学习能力的发展，最终促使英语综合能力的提升。

① 提高农村学生的自主学习意识是首要任务。中学阶段的农村学生学习英语迫于升学压力，大多是接受性学习，学生对教师、课堂具有很强的依赖性，没有真正开始独立的学习。教师要让学生转变学习观念，树立正确的自主学习意识，把学习真正变成自己的事，自己负责、自我管理。在具体实施过程中，教师要提供指导和帮助，运用教学理论帮助学生充分了解自身的学习风格、学习特点，制订学习目标和计划，找到适合自己的学习方法。进行自主学习策略培训也是提高自主学习意识的重要环节，如元认知策略、认知策略、交际策略、情感策略等，教师要对学生给予指导，帮助学生提高学习效率。

② 优化课堂教学内容，丰富课后学习内容。教师利用课堂指导学生进行自主学习，通过穿插英文原版电影、歌曲、新闻等视频、音频材料，激发学生学习英语的兴趣。课上对自主学习的成果进行展示，即过程性评价，活跃课堂气氛，调动学生参与课堂活动的积极性。课后提供文化性、趣味性和时代性的学习资源，激发学生学习动机，扩充词汇量，在提高听说能力的同时，还能拓宽学生的视野。多介绍西方文化，尤其是英语国家的文化习俗，增强学生的跨文化意识。利用网络平台、自主学习系统等给学生提供有益的学习内容参考，如开列书单或阅读内容，实现资源共享，加强师生互动和学生间的交流。全方位、多渠道地打造自由、宽松的英语学习空间和氛围，使农村学生增强学习自信心和积极性。

③ 尊重农村学生的特点和个体差异，多进行情感交流和互动，适时提供帮助和指导。想学生所想，帮助他们顺利适应大学英语自主学习的模式，明确大学英语的学习目标，包括近期目标和长远目标，认识到学习不仅是为了通过考试，更是为了社会的需要跟自我价值的实现。课上对农村学生可以多提问，多关注，及时用肯定的方式引导他们克服胆怯被动的心理，课后多交流，师生间轻松愉悦的氛围有助于他们克服焦虑，更多地参与活动。

总体而言，自主学习能力是实现个人终身学习、可持续发展的必备条件，是大学英语教学改革的必然趋势。教师既要做好自身教学理念和角色的转变，适应新的时代要求，充实发展自己，又要注重培养学生独立的自主学习能力。农村学生较城市生源在适应大学英语新的教改模式方面虽然困难重重，但教师从农村学生的具体特点和问题出发，通过利用有效教学途径，有助于农村生源更快、更好地适应大学英语教学模式，从而实现英语综合运用能力的提升，实现有效的自主学习。

（三）研究性学习策略

在大学英语教学中实施研究性学习顺应了当前大学英语教学改革的总体要求，能有效提高学生自主学习和个性化学习的能力，有助于培养学生的创新思维和实践能力。这里主要以学生的视角来探讨学生在研究性学习过程中存在的一些误区，以及如何正确培养研究性学习的意识，以帮助教师获得良好的反馈，通过实践不断反思，进而提高教学效果。

1. 研究性学习当前存在的误区

（1）研究性学习占主导或完全取代接受性学习。

研究性学习是相对于接受性学习而提出的一种探究式学习和教学方法。无论在个体学习还是在教学中，两种方式相辅相成、缺一不可。在传统教学中，一直以接受性学习为主，教师通过讲授尽可能地向学生传授知识。而随着网络时代的到来，计算机的普及为学生的自主学习、探究知识提供了广阔的空间和可能。研究性学习模式顺应时代发展的要求，满足学生对知识的渴求。但是进行研究性学习的前提是要求学习者已经具备一定的知识基础和初步的系统化知识，只有学习者通过有意义的接受性学习，才能为研究性学习打下坚实的基础。再者，教师的讲授可以在短时间内明确所学知识的重点、难点，有的放矢，为学生全面获取知识指引正确的方向，对学生的研究性学习起到事半功倍之效。尤其是在大学英语的学习中，低年级学生在词汇储备、阅读表达能力方面的不足都将影响研究性学习的效果和课题探讨的深度，有必要通过接受性学习来弥补不足，为更好地进行研究性学习做好准备。因此，二者缺一不可。教师应合理安排接受性学习与研究性学习的内容，引导学生正确认识两种学习方式，做到灵活应用。

（2）研究性学习重在"研究"，而轻"学习"。

此种误区是对研究性学习本质的一种理解谬误。研究性学习归根结底是一种学习方式，而研究是这种学习所要凭借的途径和方法。大学英语作为学科本身并不像很多理工学科，通过实验数据分析就可得出科研的新成果、新数据，产生研究成果。大学英语中研究性学习的核心在于通过一种类似研究的认知和心理方式来进行学习，其目的不是要达到预期的研究成果，而是预期的学习成果，即拓宽学生外语的语言和文化视野，以英语为语言载体，通过网络、图书、报纸杂志、影视等信息来源，自主探究、掌握并最终能够实际运用所学知识，从而培养学生的交际能力、实际运用外语知识的能力、分析和解决问题的能力、开放性思维能力等，最终实现综合素质的提高。因此，大学英语中的研究性学习课题并非一定要具有科研性，更多的则是涉及学生在学习和生活中感兴趣的主题，如中西文化对比、英语影视语言、英语中的俚语专题等。

（3）实施研究性学习，教师成了旁观者。

在接受性学习中，教师是知识的传授者、课堂的主导者。课堂以知识讲授、答疑解惑为主，往往成为教师的"一言堂"，学生只能被动接受。而在研究性学习中，强调以学生为中心，以学生的自主性、探索性学习为基础，很多教学内容将在课外完成，课堂似乎成了课题研究的成果展示课，而教师只需对展示成果加以评价、总结，教师成了学生学习的旁观者或监督者，从而大大降低了其在学习中所起的作用。这种错误的观点完全没有认清教师在整个研究性学习中所起的作用，也没有理解研究性学习对教师的新要求。

在研究性学习中，教师要从宏观方面进行研究设计和实施规划，在实施过程中要进行参与，给予帮助、监督和评估，其作为决策者、组织者、指导者、促进者贯穿整个学习过程。在研究性学习的准备和开展中，教师首先要自己对课题进行研究和准备，确定对学生学习最有意义的主题，对课题的深度、广度加以了解，预知学生可能涉及的内容和方式，根据学生的状况适时调整进度并做出决策。教师组织学生以个人或小组的方式开展，在遇到困难时，教师要与学生共同探讨，参与解决，协调学生间或小组间的协作，促进研究顺利进行。引导学生以积极的心态参与学习，培养团队协作精神。要想顺利开展研究性学习，首先要求教师自身要不断进行自我学习，更新教学观念，深刻理解研究性学习的理念、目标、内容和方法，这是有效实施研究性学习的前提；其次，要不断扩充知识储备和提高教学科研能力；最后，教师要具有团队协作精神、组织能力，要在研究性学习的过程中培养学生的研究能力、创新精神，同时更要对学生进行情感教育，做到"全人教育"。因此，教师可能要付出比接受性教学更多的努力，才能给予学生全方位的指导和支持。

2. 研究性学习策略的培养

针对以上误区，在大学英语研究性学习过程中，教师应重视以下几点：

首先，师生都要转变观念，加强理论学习与方法培训。教师在对研究性学习理论深刻理解的基础上，在开展研究性学习前就研究性学习理念、学习方法、各实施阶段任务等培训学生，以产生更好的学习效果，保证学习过程顺利开展。

其次，结合大学英语课程的特色，重视学习过程。大学英语研究性学习的目的是激发学生的学习兴趣，使学生能够积极主动地学习语言知识，拓展文化视野，用语言作为工具完成研究课题，提高语言综合应用能力及自主学习能力，因此，教师要仔细研究、精心设计，从而确定研究主题。

最后，采用多方位的评价机制。大学英语研究性学习不以研究成果的科研性、独创性为目的，而是对学习过程的形成性评估。对学生利用各种资源的能力、解决问题的能力、学习态度和方法、小组团队合作能力、思维能力等各方面进行评价。

总而言之，研究性学习是对传统课程理念、教学观念的更新。广大教师要使这些观念内化并赋予一定意义，必须通过行动和实践才能实现。教师对于教、学的看法隐藏在他们的教学实践中，很难与他们的教学实践相脱离。在推动改革时，只有通过教师自身的探索性实践，不断反思总结，提高自身研究性教学的理论和实践能力，才能取得更好的教学效果，最终提高学生自主学习能力和创新能力，掌握终身学习的方法，提高综合素质。当然，研究性学习只是英语教学的一个有效途径，不能完全取而代之，教师要理性吸收利用研究性学习的教学理念和方法，在摸索中不断前行，在教学中才能有所创新和发展。研究性学习的开展过程是学生自主学习的过程，也是广大教师专业成长的过程。

（四）交际策略

学生学习英语的主要目的就是用英语进行交际，所以学生有必要掌握一定的交际策略。埃利斯认为，如果发话人不能按照既定的方式来传递交际目标，就需要采取一定的交际策略或采用其他方式表达，降低目标。具体来说，在交际过程中，当交际者无法用恰当的词句表达自己的思想时，有意识地借助某种副语言或非语言手段来解决交际困境，从而使自己的思想得到清楚地传递，这种手段就是交际策略。

1.交际策略的类型

（1）词汇策略。

①目标语策略：学习者采用目标语对某一词语进行描绘。

②迂回说法：学习者用目标语对某物的成分或某行为的特点进行描述，使对方明白自己的意思。

③创造新词：学习者为了将所要表达的概念表达清楚而创造出一个新的词汇。

④用近义词：学习者用目标语中的某个词代替所要表达的词语。

⑤用同义词：学习者使用同义词表达另一词语的意思。

⑥用反义词：学习者使用反义词表达另一词语的意思。

（2）知识策略。

所谓知识策略，即学习者根据既有的常识与经验，通过联想来借助目标语表达某个词语的含义。这种方式可以分为以下几种：

①举例：Suppose the woman wants the money, so she wants to marry him.（Vanity）

②文化特征：I think in Beijing there are a lot of this fruit.（Peach）

③比喻：The tool shape is like number seven.（Hoe）

（3）重复策略。

重复策略是指发话人将自己的话语重述一遍，以引起对方的重视，希望对方对自己的话语认真思考，猜出其中隐藏的含义。

（4）手势策略。

手势策略是指交际者利用手势辅助自己的话语来传递信息，或借助手势来解决自己在表达中遇到的困难，从而使对方更好地理解自己的意思。

（5）回避策略。

回避策略是指交际者在表达中遇到不知该如何表达的问题时，放弃某个相关的语言单位或放弃这一话题。

2. 交际策略的培养

交际策略并非一种与生俱来的能力，同样需要有意识地培养才能形成。其培养可以从以下两个方面着手：

（1）关注交际策略的运用。

要想提高交际策略的掌握程度，仅仅参与交际活动是不够的，更重要的是有意识地运用这一策略。学习者在交际过程中要敢于表达自己的观点、想法和情感，要将注意力放在交际的内容上，而不是只注重语言的形式。要尝试使用交际策略解决语言困难，保证交际活动正常进行，在不断熟练使用交际策略的过程中增加自信心，提高交际能力。

（2）积极参与交际活动。

交际策略，顾名思义是在交际中使用的策略，那么，交际策略的培养自然离不开交际活动。学习者若要掌握这一策略，必须要积极、大胆地使用外语与其他人进行交流，不要害怕在交流中出现错误，要敢于开口。同时，学习者要学会利用各种渠道提高自己的交际能力，在真实的交际环境中形成切实有效的交际策略。

总体而言，交际策略是一种对学习十分有益的策略，掌握了这一策略，学生就能在更多真实的交际中感受真实的英语，学会处理各种问题，最终提高自己的英语运用能力。

第六章 基于移动学习系统的大学英语听说教学模式的构建

第一节 基于移动学习系统的大学英语听说教学模式概述

一、教学模式的概念

虽然教学模式的概念很早就已存在,但教学模式真正成为教育研究中的一个独立范畴通常认为是从乔伊斯和威尔等人的研究开始的。目前有关教学模式(也有个别学者称之为"教育模式")的定义比较多,如乔伊斯和威尔等人在其专著《教学模式》中给出的定义是:"教学模式是构成课程(长时的学习课程)、选择教材、指导在教室和其他环境中教学活动的一种计划或模型。"

华东师范大学叶澜教授给出的定义是:"教学模式俗称大方法。它不仅是一种教学手段,而且是从教学原理、教学内容、教学目标和任务、教学过程直至教学组织形式的整体、系统的操作样式,这种操作样式是加以理论化的。"

中央教育科学研究所朱小蔓教授给出的定义是:"教育模式是在一定的教育理念支配下,对在教育实践中逐步形成的、相对稳定的、较系统的而具有典型意义的教育体验,加以一定的抽象化、结构化的把握所形成的特殊理论模式。"

张武升教授归纳出教学模式至少具备如下一些特点:

第一,有一定的理论指导;

第二,需要完成规定的教学目标和内容;

第三,表现一定的教学活动序列及其方法策略。

总之,"一个完整的教学模式应该包含主题理论依据、目标、条件或称手段、程序和评价等五个要素"。这些要素各占有不同的地位,起着不同的作用,具有

第六章　基于移动学习系统的大学英语听说教学模式的构建

不同的功能，它们之间既有区别，又彼此联系，相互蕴含、相互制约，共同构成了一个完整的教学模式。

何克抗教授在综合以上各种看法的基础上，结合他多年来在教学改革实践中对教学模式所做的深入研究，提出了教学模式定义或内涵的全新观点，这也是本文所采纳的观点。他认为，教学模式属于教学方法、教学策略的范畴，但又不等同于教学方法或教学策略，教学方法或教学策略一般是指教学过程中采用的单一的方法或策略，而教学模式则是指教学过程中两种或两种以上方法或策略的稳定组合与运用。在教学过程中，为了实现某种预期的效果或目标（如创建新型教学结构）往往要综合运用多种不同的方法与策略，当这些教学方法与策略的联合运用总能达到预期的效果或目标时，就成为一种有效的教学模式。

二、教学模式的理论基础

（一）语觉论

1. 语觉论的基本内容

语觉论是何克抗教授提出的对语觉进行科学论证并对话觉和语言教学特别是外语教学之间的关系做出深刻论述的一种理论。语觉论的基本内容主要有以下几个观点：

（1）语觉是人类独有的第六种感知觉，也是人与动物的最本质区别。

（2）语觉论对言语理解即"听"和话语生成即"说"所涉及的"语音、语法、语义"等三种不同的心理加工过程进行深入分析后得出结论。语音心理加工能力包括"语音感知和语音辨析"能力，靠先天遗传，是与生俱来的；语法心理加工能力包括"词法分析和句法分析"能力，靠后天习得，要经过较长时间的学习才能掌握；语义心理加工能力指对语义的分析与识别能力，也是先天遗传，与生俱来的。

（3）在以上论证的基础上还证明了听说能力主要靠先天遗传，而读写能力主要靠后天习得，从而将这两者明确区分为本质完全不同的两种言语能力，因而对这两种言语能力的教学方法也有很大的不同。

（4）依据国内外语言学家对儿童、成人在各种不同条件下学习语言的大量案例可画出"儿童的话觉敏感度曲线"。研究表明，儿童语言获得的最佳敏感期是在 9 岁以前，从 9 岁以后开始下降，到 12 岁下降到 50% 左右，到 14 岁则下降到 10% ~ 15%。

（5）通过批判继承当代几种主要的儿童语言发展理论，在语觉论指导下，提出了一种比较科学的基于语觉的"言语理解与生成模型"。

2. 基于语觉的"言语理解与生成模型"和英语教学

言语理解与生成模型即"听、说"过程的心理加工模型，模型中包括言语理解与言语生成两大部分。

（1）言语理解与言语生成模型中的反馈机制。

在语声输入端有两条反馈线：一条来自语义辨识模块，我们称之为"内反馈线"；另一条来自话语生成系统的输出，也就是整个言语信号系统的输出，我们称之为"外反馈线"。内反馈只和言语理解即"听"的心理加工过程有关，外反馈则和言语理解及话语生成即听与说的整个言语加工过程有关。语言的本质是交际，若从这一最根本的功能特点来考虑，那么，不论是内反馈还是外反馈，都离不开"交际者"，即参与对话的另一方一旦失去交际方，不仅外反馈要中断，内反馈也要中断。

在内反馈中，在语言初学者尚未形成言语能力的情况下，由于积累的词汇还很少，更缺乏语法知识，在听到当前的输入语音串并初步完成"语音的感知与辨析""单词识别"和"语块生成"等加工环节后，往往难以对当前输入语音串所形成的话块划分是否符合某种规范的语义关系结构模式做出判定，即无法做出正确的语义辨识。由于初学者在这时尚未形成言语表达能力，还难以通过言语要求对方重述一遍，或要求对方就某个词语做出解释，只能依据现场的对话情况，利用交际者的声调、语气、手势或体态等信息做出反应和修正，并最终对当前输入语块划分所确定的语义关系模式做出正确判定，从而完成对当前输入语音串的语义辨识过程。由此可见，对于一种语言的初学者来说，交际者的语调、语气、手势或体态等信息是初学者完成语义辨识过程，即真正达到言语理解必不可少的一个条件，而这一切均有赖于内反馈。当语言学习者形成初步言语表达能力以后，由于可以直接通过言语和对方交流、沟通，不一定要依赖手势、体态等信息，这时，交际方的言语表达则成为语言学习者熟练掌握该种语言的一个必不可少的条件，而这仍然有赖于内反馈。

外反馈是整个言语信号系统对语声输入端的还回传入，是为了实现自我监控功能。通过外反馈的自我监控功能，不仅可以对语言学习者所说话语的语音、语法和语义的正确性是否符合规范、表达方式是否正确做出判断，还可以对其语境的正确性做出判断。一个合乎语法的句子若不适合当前的语言环境，如和上下文不相吻合，是达不到交际目的的，因而是没有用处的。

由此可见，对于语言学习来说，外反馈不仅能使学习者学会语音、语法和语义知识，还能使学习者有可能掌握语境知识，因而是使语言学习者能真正获得言语理解与言语生成能力的充分条件。

（2）双向言语互动——言语交际对语言学习的作用

内反馈由于涉及语音、语法和语义知识的形成与发展，以及与此相关的分析和辨识能力的形成与发展，所以是语言初学者从无到有逐渐形成初步言语理解能力的必要条件，也是语言学习者逐渐由入门到熟练掌握言语理解能力的必要条件（外反馈）。它把内反馈包含在内，由于不仅涉及语音、语法和语义的知识及相关的分析与辨识能力，还涉及语境和发音的知识与能力，所以既是语言学习者形成与掌握言语理解即听的能力的充分必要条件，也是语言学习者形成与掌握话语表达即说的能力的充分必要条件。

要使内外反馈真正成为形成与掌握听说能力的充分必要条件，有一个必要的前提，即在儿童语言获得模型输入端的话声输入者应是真实的交际者，最好是该种语言的熟练掌握者。由这样一个真实的交际者提供话声输入和由一台录音机或其他数字音视频系统提供话声输入是不可同日而语的。两者的根本区别在于前者和语言学习者之间可实现实时双向言语互动，而后者只能对语言学习者单向传送语言资料。这就表明，人类要想掌握有声语言，不仅要有听的环境，而且还要有和语言使用者进行对话的环境。也就是说，只有在既能听又能进行对话，即言语交际的情况下，才能学会它。

（二）信息技术与课程深层次整合的理论

何克抗教授认为，所谓信息技术与学科课程的整合，就是通过将信息技术有效地融合于各学科的教学过程来营造一种新型教学环境，实现一种既能发挥教师的主导作用又能充分体现学生主体地位的，以"向主、探究、合作"为特征的教与学方式，从而把学生的主动性、积极性、创造性充分发挥出来，使传统的以教师为中心的课堂教学结构发生根本性变革，从而使学生的创新精神与实践能力的培养真正落到实处。

由这一定义可以看出，它包含三个基本属性：营造或建构新型的教学环境、实现新的教与学方式、变革传统的教学结构。应当指出，这三个属性并非平行并列的关系，而是逐步递进的关系：新型教学环境的建构是为了支持新的教与学方式，新的教与学方式是为了变革传统的教学结构，变革传统的教学结构则是为了最终达到创新精神与实践能力培养的目标,即创新人才培养的目标。可见,整合的实质与落脚点是变革传统的教学结构,即改变以教师为中心的教学结构,创建新型的、既能发挥教师主导作用又能充分体现学生主体地位的"主导—主体相结合"教学结构。只有从这三个基本属性,特别是从变革传统的教学结构这一属性去理解整合的内涵,才能真正把握信息技术与课程整合的实质。

  由以上分析可见,信息技术与课程整合,不是把信息技术仅仅作为辅助教或辅助学的工具,而是强调要利用信息技术来营造一种新型的教学环境,该环境应能支持实现情境创设、启发思考、信息获取、资源共享、多重交互、自主探究、协作学习等多方面要求的教学方式与学习方式。

  由于信息技术与课程整合实质上是信息技术与学科教学整合,而学科教学过程涉及三个阶段:一是与课堂教学环节直接相关的"课内阶段",另外两个是"课前阶段"与"课后阶段","课前"与"课后"这两个阶段也可以合称为"课外阶段"。所以从最高层次考虑,信息技术与课程整合的教学模式只有两种,即按照所涉及的教学阶段来划分的"课内整合教学模式"与"课外整合教学模式"两种。

(三)混合学习理论

  何克抗教授认为:"所谓混合学习,就是要把传统学习方式的优势和 E-learning 即数字化或网络化学习的优势结合起来,既要发挥教师引导、启发、监控教学过程的主导作用,又要充分体现学生作为学习过程主体的主动性、积极性与创造性。"目前,国际教育技术界的共识是,只有将这二者结合起来,使二者优势互补,才能获得最佳的学习效果。

  传统课堂教学模式的教育思想是以教师为中心,忽视学生的主动性,是"填鸭式"的教学方式。而在 E-learning 逐渐流行以来,国际教育技术界占统治地位的教育思想是以学生为中心的,主要的教学观念是强调学生的自主探究与合作学习,教师的主导作用则被视为束缚学生主动性、积极性的消极因素而遭到排斥。实质上这是一种极端的思想。在教学过程中,教师和学生都应该各司其职,不应厚此薄彼。而现在主张 Blending Learning,强调二者的结合,显然,这是国际教育技术界关于教育思想与教学观念的一个大转变。说明当前教育技术理论是在按螺旋方式上升,教育技术理论在不断向前发展。

  自 20 世纪 90 年代以来,随着以多媒体和网络通信为标志的信息技术迅速发展,教育信息化的步伐逐渐加快,对信息化教学起支撑作用的新型学习理论与教学理论正在快速兴起,其中的典型代表就是建构主义。西方的建构主义者历来强调建构主义的教育思想是"以学生为中心",但是,无论是学习环境设计还是自主学习策略设计,建构主义教学设计的每一个环节要真正落到实处都离不开教师的主导作用。事实上,教师要在教学过程中发挥主导作用和学生要在学习过程中体现主体地位并不矛盾,这二者完全可以在建构主义学习环境下统一起来,这正是何克抗教师提出的"主导—主体相结合"教育思想,这种双主思想与国际上的Blending Learning 思想不谋而合。

在构建大学英语混合式听说教学模式的过程中,笔者力求利用传统学习方式与数字化学习方式的优势互补,在教学过程中既尊重教师的主导地位又体现学生的主体地位,并利用优化的技术组合服务于提高学生英语综合应用能力特别是听说能力的目的,从而达到预期的效果。

第二节 基于移动学习系统的大学英语听说教学模式的设计与实践流程

科德曾说过:"有效的语言教学不应违背自然过程,而应适应自然过程;不应阻碍学习,而应有助于学习并促进学习;不能令学生去适应教师和教材,而应让教师和教材去适应学生。"英语作为一门实践课,教学活动应是师生间的双边活动,学生是学习的主体,是教学过程的内因,学习的成败归根结底取决于他们。

如前文所述,影响大学生英语听说能力的因素有客观因素和主观因素两方面,为了实现大学英语教学改革的目标——培养大学生的英语综合应用能力,特别是听说能力,有必要对现有的大学英话听说教学模式进行革新,利用信息技术与英语课程的深层次整合为学生提供有利于听说能力培养的学习环境和学习方式。

一、教学模式设计的总体思路

"移动技术支持的大学英语听说教学模式"是建立在课外自主学习与课内互动学习这二者交互作用基础上的一种混合教学模式。简单地说,这种模式可以分为课前预习、课内练习与课后探究三个阶段,实现以下五个维度的混合:

(一)课内正式学习方式与课外非正式学习方式的混合

此模式将口语学习的一些环节延伸到课外进行,弥补口语课堂教学时间有限的缺憾,学生通过课外的非正式学习来了解与口语学习内容有关的外国文化知识，并通过课外的听力练习和口语练习提高准确性和流利性。课外非正式学习成为课内正式学习的有益补充，学生既能做到课前的充分准备，又能在课后进行更高层次的学习。

（二）课内教师讲授式教学与学生自主式学习的混合

课内正式学习阶段，与听力和口语技能有关的语言知识的学习是十分必要的。在课堂教学时间的前段，由教师讲授语言知识，包括词汇、语法、语音、语调等，并结合课前学生接触到的外国文化知识，对本节课的听说学习内容进行详细讲解，而课堂教学时间的后段，学生通过小组互动的方式进行自主学习，并在互动中锻炼听力和口语技能。根据学习内容的实际需要，教师灵活安排课堂的教学与学习方式。

（三）课堂教学中的教师主导性和学生主体性的混合

课堂教学阶段遵循何克抗教授提出的"主导——主体相结合"的教学结构，既要发挥教师的主导作用，又要充分体现学生的认知主体作用。无论是前段的语言知识讲授还是后段的语言技能操练，教师都是指导者和组织者的身份，通过支架式教学策略逐步引导学生从语言知识的学习过渡到语言技能的习得，并帮助学生掌握学习策略。而学生作为认知主体要充分参与到课堂学习中，摒弃传统教学模式下的被动接受知识状态，在互动中进行有意义的学习。正如前文的社会文化理论所述，"参与"本身就是一种学习，是学生主动建构的过程。

（四）教与学过程中的传统媒体与新媒体的混合

混合式教学模式中的教学媒体具有多样化的特征，教师和学生根据实际需要来选择适当的媒体进行学习，如语音室、影音资料、多媒体计算机、计算机网络、手机、笔记本电脑、学习机等媒体类型，实现传统媒体与新媒体的混合。

（五）教学内容上实现英语语言知识与英语听说技能的混合

此模式打破了传统课堂重知识轻技能的弊端，实现了语言知识和听说技能并重，充分的语言知识学习是发展听说技能的必要条件，而听说技能的提高又可以反过来促进学生对语言知识更深的理解，在听说中养成用英语思维的习惯和语感，有利于阅读和写作能力的提高。

二、移动技术支持的大学英语听说教学模式的内涵

（一）将移动技术作为模式实施的支持技术

如前文所述，何克抗教授提出的混合学习是将传统学习和数字化学习方式相

结合,当时的数字化学习主要是以网络化学习为代表,也就是说,当时提出的混合学习方式支持技术主要是多媒体技术和计算机网络技术,而计算机网络技术更多的是采用有线网络的方式。而在笔者构建的模式中,在沿用何克抗教授的这一定义的基础上,创新性地将移动技术引入教学。如前文所述,移动技术的技术特点和外语学习自身的特性两方面有着极佳的匹配性,移动技术支持的语言学习具有许多优势,在国外的实践中也取得了显著的成效。因而笔者除了运用以计算机网络技术和多媒体技术为代表的典型的数字化学习手段之外,还利用移动技术的便捷性和交互性等特征,以移动技术为支撑,构建了混合式听说教学模式,从而将课内课外打通,为学生提供无缝的英语学习空间。

有关移动技术支持的外语学习实施方式已在第三章中进行了论述,即基于离线资源的学习、基于短信服务的移动学习和基于在线资源的移动学习,而本模式中涉及的移动学习实施方式可以根据实际情况将这三种实施方式进行优化组合。

(二)模式的类型是"课内外深层次整合模式"

前文提到,何克抗教授提出的信息技术与课程深层次整合的类型分为课内整合和课外整合两种。目前,大学英语授课教室几乎都能实现多媒体教学,那么此模式中的课内教学主要就是传统教学与多媒体教学的混合,并且在课内学习阶段可以利用手机和英语学习机来辅助学习,而在课外学习阶段(包括课前和课后)移动技术发挥着关键作用,能利用自身的便捷性将学生的零散时间充分利用起来,在整合后的时间里为学生提供充裕的预习和复习时间,来作为课堂教学的有益补充。

在本模式中,课外学习部分主要体现了移动学习等数字化学习方式的优势,使学生可以利用更多的零散时间进行课外学习,这种课外学习的效果会直接影响课内的教学。而将传统教学和多媒体教学组合的课内教学阶段的效果又会影响学生对于课外深入学习的投入程度。由于课内学习与课外学习二者之间关联紧密,因此,将本模式界定为"课内外深层次整合模式"。

(三)模式的核心思想是利用情境连通课堂内外

外语学习是依赖情境的。本模式利用多种信息技术使情境认知与英语学习紧密结合起来。课前预习阶段是教师创设情境,引学生入境于课内学习阶段是通过互动使学生体验情境,实现学生的主动学习课后扩展阶段,促使学生演绎情境,通过不同的学习方式对所学内容进行扩展,实现高层次的意义建构。可以说,本模式利用情境在教师与学生之间、学生与知识之间搭建了一座桥梁,使学生的学习活动得以连贯、畅通。原本时间有限的课堂教学得以延伸开来,在学生的课外零散时间内,能够有针对性地进行听力练习和口语学习。

三、基于移动学习系统的大学英语听说教学模式实践流程

(一)课前预习阶段——教师创设情境,激发学生的学习兴趣

此模式中的课前学习阶段主要以移动学习的方式进行,充分利用移动学习的便捷性,使学生能频繁地接触到与课堂学习内容有关的信息从而进行预习,为课堂学习阶段的教师因材施教和学生主动学习打下基础。

每次课堂教学都有固定主题的内容,在课前,教师将与此主题有关的相关背景知识与文化知识发送给学生,提前为学生创设固定的情境。这一阶段以语音输入材料为主要的学习资源,教师将精心准备的多媒体语音内容以博客的方式推送给学生,学生通过听力理解对内容进行自主学习,并以回答测试题的方式进行反馈。当学生对预习内容有问题或想要进行更深入地了解的时候,可以通过移动设备与教师进行交流或通过无线接入互联网的方式进行学习。此阶段的目的是为接下来的课堂学习打下基础,学生在这一阶段的投入程度和预习效果直接影响着学生在课堂学习阶段的学习起点和学习效果。

1.教师的行为——创设情境

教师在课前预习阶段的身份主要是引导者和决策者。一方面,引导学生接触到适当的学习资源,使学生为课堂学习做好充分准备;另一方面,通过学生的反馈和与学生进行交流等方式确定学生的"最近发展区",为下一阶段的课堂教学部分进行因材施教提供依据。

(1)创设情境,激发学习兴趣。

一方面,教师准备的预习内容大多数以英文新闻、原生电影的片段、英文歌曲等视音频的形式呈现,这些声情并茂、丰富多彩的多媒体内容能够激发学生的学习兴趣。

另一方面,这些多媒体内容大多数是预测任务。为了让学生对课堂学习产生兴趣,课前的预习内容以文章的标题和开头、电影的宣传片或新闻采访的人物介绍等形式构成,具有一定的预测性,事先为学生创设了学习情境,目的是提前引导学生进入情境,为课堂上充分而有效的互动交流争取更多的时间。学生可以对听力材料进行大胆的猜测,其实是提前让学生进入所听的话题的讨论中产生对接续内容的强烈的求知欲,从而更积极地投入到课堂学习中。

第六章 基于移动学习系统的大学英语听说教学模式的构建

（2）了解学生特征，确定个体的最近发展区。

学生在听完预测性听力内容的基础上，通过回答简单问题的方式进行反馈。例如在听完一段英文新闻之后，要求学生回答新闻事件发生的时间、地点、人物等基本信息，测试学生对关键信息的捕获能力，要求学生对新闻内容进行简短评论，测试学生对篇章内容的整体把握。教师通过这种方式掌握每个学生当前的发展水平，确定个体的最近发展区，从而为课堂教学的分层教学提供依据。同时，学生也可以提出自己的想法和建议，帮助教师更好地选择课堂教学内容与形式。

2.学生的行为——感知新知，明确学习任务

学生在教师创设的固定的情境中接触到新的知识和相关的文化背景知识，并有的放矢地进行学习内容的预习和提前练习。

（1）对学习内容进行提前预习。

学生在这个阶段要在思想上和语言材料上做好充分准备，使自己能够更好地投入接下来的课堂学习。

一方面，学生通过学习教师提供的预习内容，能够获得更多的语言接触，激活已有的相关的背景知识，为学习新的知识做好准备。学生将感知的单词、短语和句子在自己的语言体系中"对号入座"，然后下意识地将所获得的信息组织起来，形成初步印象，进入情境。

另一方面，学生可以利用移动设备进行随时随地的学习，对听力内容反复理解，提炼重点，思考他们要听的内容和要说的事情。课前的大量充分练习能够使学生提升自信心，经过充分准备的学生在课堂上才会有话可说，有助于在课堂产出阶段更好地使用语言。

（2）初步了解语言的文化背景。

由于语言与文化的紧密结合，在培养语言运用能力的过程中必须重视文化知识的结合，特别是中外文化的差异使得英语的听说教学要把文化知识作为必不可少的一部分内容。在混合式听说教学模式中的课前预习阶段，可以利用无处不在的移动学习方式让学生提前感受文化知识与语言的结合，从而在理解文化背景的前提下掌握对语言的运用。在课前阶段进行这项工作，可以大大节约课内教学的时间，使课内时间可以被更有效地利用。

以英文新闻、原生电影的片段、英文歌曲等形式为主的课前预习内容都是与文化密切相关的，学生可以通过移动与无线通信技术在网络上获得相应的文化背景，这样再进行听力内容的理解往往是准确的、恰当的。当有了文化背景知识的

支撑，学生在后续课堂上的学习就会事半功倍。

3. 实现条件

课前预习阶段的时间没有固定要求，每个学生根据自身的情况利用移动设备，充分利用一切可以利用的零散时间来进行学习。教师的教和学生的学及师生之间的互动通过以下几种手段进行：

（1）短信息和移动QQ实现实时和非实时交流。

短信息这种方式是日常生活中最常用的交流方式，由于学生群体的集团号等资费上的优势成为最受学生欢迎的一种方式。而且，教师可以利用群发软件实现一些公共信息的发送，也减轻了教师的工作量。教师传递学习提醒、资源的超链接和简短的测试题目，学生发送反馈答案或提出问题，在短信互动平台上实现教师与学生的双边互动。

移动QQ是能够促进情感交流的一种方式，师生利用手机登录移动QQ可以进行实时和非实时的交流，实现信息的及时传递，惟妙惟肖的QQ表情也能拉近师生之间的距离。

（2）利用便携式移动设备实现多媒体播放。

学生将教师推荐的学习资源下载到多媒体播放器中，实现随时随地的收听，在反复收听中增加语言输入，为课堂学习阶段的语言输出做好积累。

（3）上传和下载语音录音。

教师可以录制标准的口语片段，学生下载后可以反复收听，在模仿中不断地纠正自己的错误，并将自己的口语录音反馈给教师，获得评价和建议。

（4）通过有线或无线连入互联网进行资源浏览。

在预习阶段对异国文化知识的积累是十分必要的，通过连入互联网的方式查询资料，为课堂的学习预备相关的背景知识。

（二）课内学习阶段——学生通过体验情境来掌握语言知识和语言技能

在课堂教学中要打破传统的单一讲授式的教学方式，通过多媒体技术和移动技术与英语听说课程的整合，改变教学内容的呈现方式、教学方式和学习互动方式，借助强大的信息技术认知工具和丰富的学习资源，促进学生在真实语境中解决复杂问题能力的发展和整体素质的提升，从而提高英语课堂的实效性。教师在恰当的时机指导学生利用英语学习机、手机和音频播放器等移动设备进行自学自练，在需要反馈的时候利用手机短信的方式掌握课堂即时教学的效率，及时调整教学，学生也可以在恰当的时候利用手机上网查询资料。在整个课堂教学阶段，

第六章 基于移动学习系统的大学英语听说教学模式的构建

教师要采取支架式教学策略,从讲授者逐渐向指导者、监控者等身份过渡,将课堂学习的主体权移交给学生,使学生在情境中体验语言,积极思维,进而有意义地学习。在这个阶段,既有传递—接受式学习方式,又有学生的自主学习,还为学生之间的合作学习提供了条件。

1. 教学环节

学习是学生主动建构知识的过程。学生不是简单被动地接收信息,而是对外部信息进行主动的选择、加工和处理,从而获得知识的意义。学习的过程是自我生成的过程,这种生成是他人无法取代的,是由内向外的生成,而不是由外向内的灌输。因此,教学活动必须建立在学生的认知发展水平和已有的知识经验基础之上,体现学生学习的过程是在教师的引导下自我建构、自我生成的过程。

(1)教师讲授新知。

由于口语交际要以一定的语言知识为基础,无论是听力还是口语能力的提高都离不开词汇、语法和句式做基础。由于语言知识具有系统性和可教性的特点,适合在课堂上用教师讲解的方式进行,因此,教师首先讲授与主题相关的词汇和语法知识。在课前预习阶段,教师通过推送的方式已经预先提示学生将要在接下来的课堂教学中学习的内容,并配合文化背景的渗透让学生做好准备。这样,课堂上再讲解词汇和语法就会使学生更容易理解和记忆。

(2)学生通过听力理解来认知新知。

教师播放与知识点相关的听力内容,学生对词汇、句式等语言知识在实际语境中的运用进行认知。学生利用手持设备反复收听听力理解内容,教师通过适当的提问引导学生对材料进行深入的思考,教师通过提问及时掌握学生学习情况,针对学生遇到的听力困难及时进行听力策略的训练。学生通过大量的听的活动,扩大语言的输入量,从而实现在大量的语言接触中逐步学会语言规则和吸收语言词汇。

(3)教师启动互动活动,学生体验情境、演练技能。

在有教师控制的演练新知阶段,通过教师精心设计的互动活动,使学生在类似真实的情境中反复操练,在与他人的合作学习中加深印象,加强记忆。采用听说结合的方式,让学生在情境中练习语言形式,并通过指导学生掌握学习策略,使学生从语言知识的掌握上升为语言技能的演练,为后面的真正交际任务的完成做好铺垫。在此阶段,教师要针对学生在互动中的个人表现进行评价,为不同水平的学习者布置不同难度的任务。教师还要进行口语交际策略的训练,通过选择适当的口语练习材料，使学生在开始交际时面临一定的挑战，在排除困难的过程中使用恰当的交际策略来完成任务。

2. 实现条件

（1）多媒体技术。

多媒体技术是一种信息处理技术，是指把文字、图形、图像、声音、动画、视频等多种媒体信息通过计算机进行数字化采集、获取、压缩、解压缩、编辑、存储等加工处理，再以单独或合成形式表现出来的一体化技术。因此，多媒体技术的实质是一个处理和提供文、图、声、像等多种信息的计算机系统。

随着计算机和信息技术的发展，多媒体技术给大学英语听说教学带来了丰富的资源和先进的教学手段，大学英语听说课堂由于引入多媒体而进入了一个全新的发展空间。通过多媒体信息技术与英语听说课程的整合，在文字与图片的组合中，在有声读物与动画、视频资料的渲染下，改变了教学内容的呈现方式、教学方式和学习互动方式，借助强大的信息技术认知工具和丰富的学习资源，促进了学生在真实语境中解决复杂问题能力的发展和整体素质的提升，从而提高了英语课堂的实效性。

（2）手持式英语学习机可以满足学生自主学习的需求。

英语学习机作为应用终端，由于其具有体积小、价格低的优势，所以普及面较广。较之其他的移动设备，学习机的网络连接功能有限，这恰恰可以满足课堂上学生学习行为可控的要求，便于课堂的管理，因此移动设备在课堂教学阶段的应用主要以学习机为主。学生在教师的指导和监督下利用学习机进行词汇查询、课堂录音和跟读对比等活动，满足课堂学生主动学习的需求。

（3）手机的短信功能实现课堂及时反馈。

教师为了随时掌握学生的学习效果，在课堂教学的恰当时机要求学生用短信的方式进行学习反馈，根据反馈结果来调整教学步调、教学方法。为了避免阅读和编辑大量短信而造成课堂混乱，教师可以采取适当的调控手段，如仅仅要求知识理解欠佳的同学发送反馈信息，通过这种私下交流，避免了传统课堂中的学生由于"爱面子"而不敢提问的尴尬局面。

（4）利用移动设备上网查询资料。

学生在课堂活动中会遇到词汇、用语、文化知识等方面的问题，可以在不影响教与学活动秩序的前提下利用移动设备上网进行查询，做到及时解惑，这样才能使互动活动顺利、高效地完成。这种在真实交流的情境中获得的问题解决往往是印象深刻的，更有利于学生在日后的真实交流中进行意义迁移。

3. 互动活动的组织

互动活动可以分为师生互动与生生互动，使课堂上的听说教学在语言的海洋中更有效。实际上，在互动教学中，教师一直在扮演心理学家的角色。教师要在尊重学生个性差异的基础上设计和实施互动活动，给他们提供更多用英语进行双向交际的机会，对学生言语能力的点滴进步做出敏锐的反应和及时的表扬，使学生既能体会成功又能看到自己的不足，从而调整自己的学习行为。

（1）师生互动。

在听说课上，学生的说与教师的讲配合，教师利用具有知识性、趣味性和文化性的学习内容来组织学生进行听力理解、朗读、讨论等活动。在活动中，教师要控制课堂活动的节奏和时间，以保证活动的顺利进行和教学任务的完成。进行一系列的教学活动，教师先讲，学生后练，教师先做示范，学生及时领会教师的提问，学生问答学生汇报，教师点评教师设计任务，引导学生进行听说练习。听说课上的教师示范作用不可小视，教师的真实示范可以让学生更有亲近感。教师在课堂上一直充当着组织者、引导者、启发者等关键角色，在学生遇到困难时，教师要给予适当的启发。这种师生互动关系消除了学生的敬畏和胆怯心理，能够活跃课堂气氛，使其学习积极性得到很大的提高。

（2）生生互动。

课堂上主要把大量的时间留给学生，使他们有机会相互交流和沟通，从而起到一种共振作用，即"共生效应"，这种效应能使学生共同发展。通过小组讨论等方式，学生对话题内容进行深层次的思辨，小组成员不仅要为自己的学习负责，而且也要为同伴的学习负责。学生间的不同观点发生碰撞进而引发认知冲突，能够更加激发学生的学习兴趣和求知欲。学生由于有大量机会发表自己的观点与看法，倾听他人的意见，他们体会到了自己的价值和重要性，增强了主体意识，而且通过小组合作学习能够增加学生的归属感，减轻焦虑感，就能逐渐进入学会、会学和乐学的境界。

如果在语言知识等方面遇到困难，学生可以通过移动设备进行查询，使互动可以连续进行。这种生生互动可以培养竞争合作意识和人际关系交往的技能，为提高真实环境下的交际能力打下基础。

（3）自我互动。

课堂上的自我互动可以为学生提供自主练习的机会，学生可以利用移动设备反复收听教师示范的录音或听力教材原音,并进行模仿、复述、口译等练习。这种互动是学生自主建构意义的过程,也是对知识的内化过程。课堂上要为学生适当地提供这种自我互动的机会,给学生深入思考的空间,这样才能使学生以最好的状态投入到互动活动中。

(三)课后扩展——学生演绎情境,提高语言交际能力

学生通过课堂有组织的学习,已经对本单元的语言知识有了一定程度的认知和演练,并结合文化背景对语言知识有了更透彻的理解。教师在课堂教学中还针对学生听说方面的困难进行听力策略和口语策略的训练。可以说,在课前预习和课堂学习之后,学生已经基本形成了对单元内容的认知,并在听力的准确性和口语的熟练性方面有了提高。但这不是学习内容的终点,语言学习的目的是在语言情境中的运用,因此,课后教师设计任务情境时,布置需要合作完成的交际任务,使学生在生活中运用语言,在合作中进行探究,在演绎情境中逐步提高语言交际能力。

1. 学生的协作学习

课后的扩展任务属于高层次的思维活动,需要学生之间的协作学习来完成。同时,听说能力的切实提高需要在真实的语言交际中得以体现。学生通过完成教师布置的学习任务,将课堂所学知识在真实的情境中进行演练,能更清晰地体现出自身的语言交际能力水平。在协作学习中的讨论和协商都是用英语来完成的,为了圆满完成任务,每个学生都要克服一切困难来实现彼此之间的交流无障碍。

2. 教师的监督指导

由于课后扩展阶段的任务难度较高,为了避免学生出现挫折感或应付了事的情况,教师依然要利用课前预习阶段的一些方法和手段来督促学生投入到学习中。不仅如此,教师要跟踪学生在协作学习过程中的参与度,与表现异常的学生进行单独交流,掌握情况以后有的放矢地进行个别化指导,这也为下一单元的教学提供借鉴。

3. 实现条件

与课前预习阶段相同,课后扩展阶段依然以移动技术和计算机网络技术为主要的支持技术,学生可以充分享受移动技术所带来的无缝的学习空间的便利性,在随时随地的学习中实现知识的扩展和语言交际能力的提高。

4. 活动的设计

真实的交际任务是一种真正意义上的语言运用,它为学生创设了一个交换信息、交流观点和情感沟通的自然的语言环境,有利于提高学生的学习兴趣和学习积极性,并在任务中互动,有利于交际能力的提升。交际任务可以有以下几种类型:

（1）信息差任务。

教师布置任务的时候，将有关信息进行分解，每位学生只有部分信息，而这部分信息是完成任务所必需的。如果想要完成学习任务，就需要利用交际实现与他人的有效合作，将信息补充完整，最后大家齐心协力完成任务。由于学生都急切地想知道自己不知道的信息，因此这种任务促使学生积极地投入交流中，在协商中进行信息补充。这种任务不仅能提高学生的合作学习能力，而且能使学生练习交际策略。学生利用移动设备的录音功能对交际的关键过程进行录音，并上传至博客中，教师对内容进行评价，在形成性评价中发现问题并给予学生适当的指导。

（2）集体决策任务。

需要每位学生在小组讨论中轮流发言，通过组员之间的沟通和交流，陈述可能做出的决定与决策依据，最后大家经过分析讨论达成共识，做出决策。在此过程中，大家的协商和讨论不仅能够锻炼口语表达能力，而且要想充分理解组员的想法，就得保证在听懂的前提下进行讨论，因此对大家的听力理解能力也是一个很好的锻炼。集体决策做出需要每位组员在意见和想法上达成一致，这种协商也能促进合作能力的提高。

（3）探究性任务。

通过给定主题，设计开放性任务，需要小组进行探究性学习来完成对特定主题内容的探究。在探究过程中，教师通过定期推送提示信息来为学生搭建必要的脚手架，引导学生顺利完成任务。由于探究内容的最终结果不是唯一的，因此可以培养学生的创新精神。

第三节 基于移动学习系统的大学英语听说教学模式的形成性评价

一、形成性评价的定义及发展

1967年，斯克里文在《评价方法论》一书中第一次把评价分为终结性评价和形成性评价。这里所说的形成性评价是一种过程评价，这种评价贯穿于教学的全过程。

到了 20 世纪 70 年代，随着美国著名心理学家布鲁姆的评价理论的出现，形成性评价得到了新的发展。布鲁姆侧重于教育过程的变革，他认为"形成性评价就是在课程编制、教学和学习过程中使用系统性评价，以便对这三个过程中的任何一个过程加以改进"。布鲁姆指出："形成性评价的主要目的是决定给定的学习任务被掌握的程度和未掌握的部分，它的目的不是为了对学习者分等或鉴定，而是帮助学生和教师把注意力集中在为进一步提高所必需的特殊的学习上。"在布鲁姆看来，评价不仅是要了解学生掌握了多少学习内容，而且还要作为一种矫正性反馈系统，及时了解教学过程中的每一阶段是否有效，并采取相应的措施。

国际上著名的研究形成性评价的专家 P.Black 和 D.William 认为，广义上的形成性评价包括教师和学生进行的所有能够收集学习信息的活动，这些收集到的信息可以诊断性地用以调节教与学。依据此定义，评价包括教师对学生学习的观察、教室讨论活动、学生学业分析（包括家庭作业和考试）等。如果从这种评价中所获得的信息被用来调节教与学，以满足学生的需要，则评价就变成了形成性评价，它与终结性评价相对立。我国学者对于形成性评价概念的理解也都有不同的看法，王道俊等人认为，形成性评价是在教学进程中对学生的知识掌握和能力发展的及时测试。它包括在一节课或一个课题教学大纲中对学生的口头提问和书面测试，使教师和学生能及时获得反馈信息，其目的是更好地改进教学进程，提高教学质量。施良方认为形成性评价又称为过程评价，是在教学过程中进行的评价，是为了引导教学过程正确、完善地进行而对学生学习的结果和教师的教学效率采取的评价。形成性评价的主要目的不是为了选拔少数优秀的学生，而是为了发现每个学生的潜质，强化改进学生的学习，并为教师提供反馈。尽管关于形成性评价仅有概念的叙述，但也能从中看出一些共性：

第一，形成性评价都是在教育、教学活动过程中发生及强调对过程的评价；

第二，形成性评价注重及时的反馈，并以此为依据进行教与学的调整；

第三，形成性评价的目的是促进学生的学习，减弱了评价的甄别和选拔功能。

传统的终结性评价一般是在教学活动完成后测量学生成绩，对学生的学习结果进行评价，它是用来对学生的学习做出结论和判断，或者用于证明和选拔；形成性评价不以区分评价对象的优良程度为目的，不注重对他们的分等鉴定。就形成性评价和终结性评价的功能而言，显著区别之一就是终结性评价侧重于对知识和技能的检查，而形成性评价侧重于运用知识和技能的过程。

二、形成性评价的理论基础

（一）多元智能理论

美国哈佛大学教育研究院发展心理学教授豪尔·加德纳博士在人类认知才能的发展方面进行了长期的研究，他在其《心智架构》（1983年出版）一书中提出"多元智能论"一词。该理论认为每个人除了语言和数理逻辑智能以外，至少还有其他五种智能——空间智能、音乐智能、人际智能、内省智能、身体运动智能，并强调人的智能无高低之分，只有智能倾向的不同和强弱的差别，它所关注的核心问题是你的智能类型是什么。

从这个角度来看，世界上并不存在谁聪明谁不聪明的问题，而是存在哪一方面聪明及怎样聪明的问题，即学校里没有所谓"差生"的存在，每个学生都是独特的，也是出色的。因此，通过多个角度来评价、观察和接触学生，寻找和发现学生身上的闪光点，并发展学生的潜能，与形成性评价强调的评价内容的多元化正好吻合。

形成性评价强调评价内容的多元化，注重考查学生综合素质的发展，关注学生创新精神和实践能力的发展，对学生在学习过程中所表现出来的情感、学习策略、合作精神等几个因素进行全面的综合评价，而不仅仅只关注学生的学业成绩。这种评价方式注重学生的差异性，注重学生个体发展的独特性，能够激励学生发挥多方面的潜能，发挥出其智能强项。

（二）建构主义学习理论

建构主义也译作结构主义，是认知心理学中的一个分支，是由认知主义发展而来的哲学理念。在此基础上形成的学习理论与以往的行为主义的理论模式有很大的差别。建构主义学习理论认为，学习过程是人的认知思维活动的主动建构过程，是人们依据自身原有的知识经验与外界环境进行交互活动以获取、建构新知识的过程。它强调学习过程中应以学生为中心，加强学生对知识的主动探索和对所学知识意义的主动建构，而不是把学生当作外部刺激的被动接受者和被灌输的对象。同时，该模式认为，学生对知识的建构不仅依赖于自身原有的知识水平与经验，还在一定程度上取决于同伴之间对问题的共同讨论与理解。显然，在建构主义的学习模式下，由于学生进行的都是个别化、自我建构的学习，对同一门课程，不同学生学习的方法、途径可能相差很大，如何客观公正地对他们学习的结果做出评价就显得相当重要。

在形成性评价中，评价的主体是学生。学生、老师及其他学习伙伴之间是相互激励的关系，主张通过评价来激起学生的参与性，注意对学习者构建知识时所采取的措施和方法及在知识建构过程中加以评价，使学生在学习过程中得到激励，产生自信心和成就感，形成继续学习的动力。同时，形成性评价强调学生通过对自我学习的适当监控和反思，掌握并调整适合自己的学习策略，发展自我评价能力，提高自主学习能力，强调师生之间、学生之间的合作，促进教学与评价的良性循环。

（三）二语习得理论

克拉申在20世纪80年代初期提出了著名的二语习得理论"五大假设"：习得—学习假设（The Acquisition/Learning Hypothesis）；自然顺序假设（The Natural Order Hypothesis）；监控假设（The Monitor Hypothesis）；输入假设（The Input Hypothesis）；情感过滤假设（The Affective Filter Hypothesis）。在"输入假设"即i+1理论中克拉申（1982）认为，人们习得语言的唯一途径是获得可理解性的语言输入。在i+1理论中，如果语言输入低于学习者现有水平，即表示这种情况难以收到较好的学习效果；如果语言输入远远超出学习者的现有水平，即表示为i+2。

克拉申的理论集中体现了循序渐进观，强调学习的步骤、方法和学习的过程，强调在过程中获得结果，即在让学习者获得大量的可理解性语言输入的同时，注意情感因素对输入的过滤作用，变输入为吸收，从而进入语言习得机制的内化处理，最后习得语言知识，增强语言能力。

第四节 基于移动学习系统的大学英语听说教学模式的学习策略培养

近年来，移动学习已经在大学英语移动学习中得到了初步应用，前景十分广阔。高校不但要借助这一新技术来丰富教学手段，创新教学模式，还应选择和优化学习策略，为大学英语移动学习创造更加自由、高效的学习平台。在实际应用中，应在以下几个方面做出努力：

一、强调基于移动学习系统的"知识"与"趣味"的引入，提高学习效率

为使大学英语移动学习切实成为课堂教学的有效补充，得到学生的认可和接

受，在实践中要做到规范可行，要注重以下操作：

第一，借助移动学习平台，针对学习进度对学习层次进行合理安排，并通过设置测试环节，对学生的移动学习效果进行考察。在这一过程中，要保证测试内容的开放性，以便最大程度地增加学生之间、学生与教师之间的互动。

第二，对大学生感兴趣的知识和内容进行筛选，及时将其发布于移动学习的App。对大学英语任课教师这一角色要重新定位，按照不同方向的学习内容选择有价值的部分，并按照学生的特点与诉求，通过平台提供差别化的信息，以便使大学生能够对选取的内容形成强烈的求知欲，变被动学习为主动学习，使自主学习与协作学习充分结合。

第三，在内容编排方面，要体现出合理的逻辑性和知识的客观性，使大学生的移动学习内容能够简洁、清晰地表现出来，恰当地反映大学英语的整体知识结构。比如可以把大学生的移动学习动机和未来的工作结合在一起，以此吸引他们的注意力，提高其交际能力。

二、以语言输入和输出为节点，重新定义教师的角色

通过前文的分析可知，大学英语移动学习需要实现输入和输出的有机结合。为了做到这一点，除了要注重学习效率和效果的提升外，更应该做好"入口管理"，即"输入管理"，以便能够最大程度地提高大学英语移动学习的组织绩效。为此，需要对教师角色进行重塑，提高其专业基础知识和专业技能，使之能够借助移动学习平台将听说等语言应用能力展现出来（在这一问题上，可以借鉴慕课的做法，教师事先录制视频材料，将其上传到移动学习平台），以便为学生提供实质性建议和方法、手段上的指导。此外，还应对师资队伍进行再教育和培训，提高对移动学习平台的应用能力，为学生提供更有价值的信息。只有这样，才能保证基于移动学习的大学英语学习取得较好的效果，才能使之成为课堂教学的重要补充。

三、对移动学习平台的学习进行动态监管

移动学习平台是建立在移动网络之上的应用软件，在大学英语移动学习方面已经展现出一定的优势，起到的作用也十分明显和积极。为了更好地发挥这种学习范式的效果，在强化学习方法和学习手段的同时，更应该对其运行环境给予高度关注，保证移动网络信息的安全性，使基于移动学习的大学英语学习能够安

全、顺利地进行。只有这样，才能保障课堂具有可持续的延展性。为了实现这一点，需要发挥教师和学生的主体性，提高参与者的自我控制力，加强对移动学习的合理、正确运用，强化对学习内容、学习方式和学习效果的动态监管，最大程度地体现移动学习的价值。

第七章 基于移动学习系统的大学英语翻转课堂模式

第一节 移动学习与英语教学

一、移动学习对英语教学的影响

教育信息化源于美国提出制定的"信息高速公路"（Information Superhighway）计划，该计划重点指出信息技术对教育全面改革所起的推动作用。我国为适应信息化时代给教育带来的机遇，在2010年发布《国家中长期教育改革和发展规划纲要（2010—2020年）》，明确指出要高度重视信息技术对教育发展的革命性影响。2012年教育部发布了《教育信息化十年发展规划（2011—2020年）》，指明教育信息化在我国未来10年的教育事业发展战略中占据重要地位，通过推动信息技术与教育教学深度融合，促进教育内容、教学手段和方法的现代化，实现人才培养模式的创新。在此背景下，教育部高等学校大学外语教学指导委员会拟定了《大学英语教学指南》的征求意见稿，指出要创新教学模式，在基于计算机和课堂的英语教学的模式上，"以现代信息技术，特别是网络技术为支撑，使英语的教与学可以在一定程度上不受时间和地点的限制，朝个性化和自主学习的方向发展"。基于教育信息化对于我国教育发展如此重要的背景下，本节尝试在大学英语教学过程中运用移动技术与设备进行教学，从而探索移动学习对学生英语学习动机的激发及应用于英语教学的可行性。

伴随移动计算技术（mobile computing）及各类移动智能设备的发展与广泛应用，移动学习作为一种新的学习模式逐渐被接受与重视。文献资料显示，2000年，国际远程教育专家戴斯蒙德·基更博士将移动学习这一概念介绍到中国，他在《从远程学习到数字学习再到移动学习》一文中，从远程教育的视角，根据学习形式与手段的不同,把远程学习分为三个阶段:远程学习、数字学习及移动学习,并乐观地认为这三种学习形式正在形成今天的远程教育大学、网络大学及未来的移动大学。国内外多位学者对移动学习概念进行了界定。移动学习端在数字化学习的基础上,随时随地地利用小型化的移动计算设备进行不同目的的学习。在研究侧重设备的角度指出移动学习是利用无线移动通信网络技术及无线移动通信设备(如移动电话、个人数字助理 PDA、PocketPC 等)获取教育信息、教育资源和教育服务的一种新型学习形式。另有研究强调学习的交互性,认为移动学习是通过社会和内容的交互、使用个人电子设备进行跨情境学习,关注在不同环境、不同设备、不同交互中顺利开展学习。Hummel 等人强调移动学习的情境相关性,认为移动学习是通过多种相互连接的设备共同营造出学习环境,以便随时随地获取内容或达成沟通的目的。Alexzander Dye 等人对移动学习做了一个较具体的定义:移动学习是一种在移动计算设备帮助下的,能够在任何时间任何地点发生的学习,移动学习所使用的移动计算设备必须能够有效呈现学习内容并且提供教师与学习者之间的双向交流。

开展移动学习教学以后,学生不仅按教师的要求完成学习任务,而且自己下载各种手机应用程序以开展自主学习,如有道词典、扇贝单词、百词斩、百度翻译、多说英语等,由此可见,学生乐意接受这种学习方式。此外,移动学习教学要与课堂教学有效结合,多维度地激发学生的学习动机,实现教与学双赢的目标。对此提出以下对策与建议:

(一)设计系统教学方案

开展移动学习教学前,教师在充分了解学生英语水平的基础上系统地设计教学方案,包括教学目标的设立、教学内容的选定、教学形式与环境的创设及教学评价标准的制定。教学方案的设计要分别突出移动学习教学与课堂教学的特点,引导学生正确使用移动设备完成学习任务。评价标准的设置应更加人性化、个性化,确保对学生做出正确考核与客观评价,完成大学英语教学的目标。

(二)发挥教师"导"的作用

教师在开展移动学习教学时应确保英语资源库中信息的正确性、完整性与及时性,然后在教学实施过程中结合微信、QQ 等通信工具与学生持续互动,指引学生学习、掌握并运用合适的学习策略解决学习过程中遇到的问题。同时,针对互联网资源过多、学生难以抉择的现象,教师应起到点拨作用,凭借其教学、学习经验指点学生挑选适合大学阶段的英语学习资料。

（三）营造学生"学"的氛围

教师在课堂上为学生搭建展示平台，鼓励学生把课外准备的材料及学习成果在全班同学面前做完整的展示，增加学生之间的互动，增强学生学习英语的满足感与自豪感。此外，教师通过组建团队，挑选学有余力的学生参与教学资料的筛选与课程开发，协助教师更新维护英语资源库，培养学生的自主学习和协作能力。采取由点到面、课内外、线上线下相结合的方式充分激发全部学生学习英语的积极性，使学生从"要我学"转变为"我要学"，真正做到"以学生为中心"开展大学英语教学。

在教育信息化的背景下，移动学习的重要性获得了更多的关注，将成为未来学习的必然趋势。在传统学习的基础上，移动学习为学习者提供了更加便捷的学习方式，使学习者可以随时随地、自由自在地实现个性化学习。学生的英语学习动机能在移动学习的方式下得到充分激发，学习成绩会相应提高。教师在此过程中要充分发挥指导作用，引导学生提升自主学习能力，努力从根本上改变学生学习大学英语只为过级的狭隘认识，指引学生以更积极的态度投入大学英语学习，实现大学英语教学的真正目的，培养满足新时代社会需求、具备更高英语水平的新型人才。

二、移动学习为大学英语教学带来的变化

在各国开展有关移动学习的研究项目中，移动学习方式与语言教学的结合被专家学者认为是最具有发展潜力的。那么，移动学习到底能给大学英语教学带来什么样的变化，能不能使大学英语的教学质量有一个质的飞跃？

（一）先天的实践优势

近些年国内移动学习的研究内容表明，英语和语文两大语言学科更适合移动教学模式。英语是一门包括大量听、说、读、写的实践性极强的学科，采用移动学习模式不仅可以辅助课堂教学进行理论知识的拓展和延伸，还可以开展生生、师生之间的各种语言交互活动，所以英语移动学习具有先天的实践优势。

（二）显著的资源优势

目前，英语移动学习在国内的发展和应用规模正在不断扩大。比如在英语学习领域，新浪、网易、搜狐、TOM 等国内大型知名网站都先后推出了基于手机短信的英语学习辅导服务。著名的新东方外语网校也推出了手机课堂栏目，将移动学习全方位地引入到英语教学中，因此，英语移动学习具有显著的资源优势。

（三）明确的学习动机

大学生学习英语的动机无外乎三种：通过各种英语考试，包括英语四、六级考试，托福、雅思考试，或者基于纯粹的学习兴趣，或者为了拓展知识面等。无论是出于哪种类型的学习者，都有着明确的学习动机。移动学习模式能提供丰富的学习资源，满足个体的不同需求，有效弥补传统课堂教学的缺憾，实现个性化的学习。

（四）个性化的学习方式

学生可以根据自己的需求来选择学习内容，利用自己琐碎的时间进行片段式学习，从而打破了传统固定时间、空间的学习形式，可以随时、随地、随身地进行学习。学生可以自定学习步调、学习策略和学习方法，实现完全的自主学习。

（五）低廉的学习成本

随着移动通信和计算技术的不断发展，移动设备的价格越来越低，而性能却越来越高。借助于一台普通的移动设备，就可以完成平时的学习任务，相应的学习成本也比较低。

三、移动学习与大学英语教学整合还需解决的问题

虽然将移动学习应用到大学英语的教学过程中是一种必然的趋势，应成为传统课堂教学的有益补充和延伸，但就目前的研究情况而言，如果要实现移动学习与大学英语教学的有效整合，还需要解决下面两个问题。

（一）内容的选择、呈现与个性化问题

移动学习内容的选择与呈现应避免过于复杂化，应注重内容的精练实用和操作的简单快捷。整个学习内容的选择与呈现有一定的系统性，内容单元之间要有关联，同时也要便于学生进行自主学习。大学英语的移动学习内容应遵循以下设计原则：

1. 学习单元短小、简练

移动学习是学习者进行的零碎式和片段式的学习，不苛求知识的大而全。如果内容过长或者过多，学习者在有限的时间内很难完成一个内容的学习。所以内容要简洁精练，能让学习者在较短的时间内掌握一个知识点而不受到外界的干扰。

2. 学习单元要完整，单元间要有关联

每个学习单元就是一个完整的小知识点，一个小的明确的学习目标。单元之间应呈现出松散的知识关系，前后的依赖关系不能过于紧密，但松散的背后要能

体现内在的关联性,形成一个连续的知识体系,最终完成整个学习目标。

3.学习内容应持续激发和维持学习者的学习兴趣和动机,满足学习者的需求

由于移动学习通常在学习者的边缘性投入和注意力高度分散的状态下进行,这就要求移动学习的内容要有特色和针对性,能够吸引学习者,激发学习者的学习兴趣和学习动机。

4.参考资源丰富

为满足不同学习者的不同学习需求,应提供大量的参考资源,以供学习者进行选择性的学习。

(二)教学模式、教学方法的设计

不能将移动学习作为一种独立的教学方法,而应与其他方法结合起来,取长补短,从而取得最佳的教学效果。移动学习应用到大学英语的教学过程中,其教学模式和方法的选择应遵循以下两个原则。

1.以学生为中心,体现学习自主性

移动学习作为一种新型的学习方式,主要是通过学生的自主学习来完成的,所以整个教学模式和方法的选择应体现以学生为中心,充分调动学生的兴趣和积极性。如通过任务驱动的方式,使学生的学习始终带着各类任务和问题,明确学习动机,自觉、主动地完成学习。

2.注重交互,及时反馈

在移动学习过程中,师生、生生之间的交互是间接的,需要通过移动设备来完成,如学习任务的发布、学习内容的呈现、作业的提交、信息的反馈评价等都需要移动设备来支持。所以,在教学过程设计中,应注重师生、生生之间的各种交互环节的设计,实现信息的自由交互与反馈。

第二节 英语教学中 QQ(微信)群 +Tablet PC 的移动学习

一、QQ(微信)群 +Tablet PC 的移动学习的可行性

目前,QQ(微信)群 + Tablet PC 等移动终端作为英语移动学习工具的主要原因有以下四个方面的要素:

(一)以英语学科的学习目标、学习活动需求、学习特征为首要考虑因素

英语是一门语言，学习者学习的目标就是能够使用英语作为交际的工具，英语的学习活动发生在真实自然的场景中将更加有益于学习者的消化吸收，由于QQ（微信）群+Tablet PC具有很强的可移动性和实时交互的功能，在进行英语学习活动时，可以在有利于学习者学习英语的环境里进行英语的训练。根据英语学习的特征，学习者可以根据自己的情况随时随地学习英语知识，如看到广告牌上的一段英文句子，学习者便可以用手机照下来，通过手机上的电子词典互联网等功能查询、查语法，学习这段话里的单词拼写和发音。在实际的生活中不断地积累，会让学习者更加迅速、准确地掌握英语知识内容。根据《2013年中国IT网民手机上网行为调查报告》显示，IT网民使用手机上网的频率次数不定，所占比例高达73.1%，说明学习者更加倾向于随时想上就上的上网状态，这更符合移动英语学习的特征。

(二)从移动便携设备本身的特征考虑

在目前比较主流的平板电脑、MP3/MP4、智能学习机等移动设备中，选择智能手机是因为它有其他智能终端无可比拟的优势：第一，智能手机的可移动性、连接性、实时交互功能、良好的多媒体支持、超强的信息处理能力等技术优势都足以让智能手机领先于其他移动终端。第二，无线网络技术、流媒体技术、智能手机操作系统等基于智能手机的移动学习相关基础设施也都在不断地发展完善中。第三，移动学习系统设计开发技术使智能手机的屏幕更能够适应英语内容的呈现方式，而移动学习资源的设计也越来越具备科学性，符合学习者的学习思维和学习习惯，根据学习者的反馈不断地进行完善，逐步走向成熟。第四，人机交互技术不断提升，智能手机的触摸屏和手写输入技术不断开发，使得学习者在使用智能手机学习时获得更多可控的感觉。文字识别技术使得学习者在遇到不会的英文单词时只需要使用摄像头对准单词，即可查询到单词的意思、读音、用法等相关知识。动作感知技术可以让学习者在学习过程中随时控制学习的节奏，如手机朝上就是播放音频，手机向下放置就是停止播放等感知技术。第五，操作系统的UI设计更加个性化，学习者可以选择自己喜欢的屏幕背景，在手机设置选项中选择操作习惯，等等。

(三)以移动设备的使用规模作为参考因素

CNNIC（中国互联网络信息中心）在北京发布的第33次《中国互联网络发

展状况统计报告》显示，截至 2013 年 12 月，中国网民规模达 6.18 亿，互联网普及率为 45.8%。中国手机网民规模达到 5 亿，年增长率为 19.1%，继续保持上网第一大终端的地位。由此数据可以看出，人们越来越偏爱使用智能手机上网及处理其他事务，这为智能手机支持英语教学打下了坚实的基础。

（四）综合考虑学习者文化、经济等各方面因素，从最优于学习者的角度考虑

从学习者文化角度来说，目前我国素质教育的学习观是"以人为本"，教学过程中要充分体现出学生的主体地位，因此对于传统的授课模式来说，使用移动便携设备来辅助学生学习的模式越来越受欢迎。

另外，从我国手机的拥有率可以看出，大多数人已经拥有至少一部智能手机，同时智能手机的价格也在不断降低，相信智能手机的用户群会稳步增长。

综合以上四个方面，可以总结出基于 QQ（微信）群 + Tablet PC 的移动学习应用于英语教学中是具有可行性的。

二、英语教学中 QQ（微信）群 +Tablet PC 移动学习的实践应用

教师或学生可以以班或系为单位建立 QQ（微信）群，每个学生可以开通空间或博客，注册微博，相互收听。

教师在每学期开学前制订本学期移动学习内容计划，其内容的设置要以下内容为基础：第一，把教材中相对滞后的阅读材料或听力内容用网络中具有时代性或趣味性的文章替代；第二，为每个不同专业班级学生设计与其专业相关的学习内容，如专业词汇专业阅读等；第三，整理搜集年轻人喜欢或有启发意义的小美文。

教师应给学生推荐适合课外英语学习及针对学习材料不同需求有不同风格的网站。

在教学过程中，教师按教学计划发布群共享，要求学生下载学习。教师也可以通过微博发布几个词汇，或一段小美文，或一首歌曲，学生在课外收听。为了练习写作，学生以 E-mail 形式把作文发送给老师或群空间中，学生集体阅读互相改正。教师可以通过 QQ（微信）留言或邮箱发布作业、学习材料，也可以利用自己的 QQ 空间或 QQ 群空间（微信朋友圈、公众号）转载一些对学生有益的东西，然后要求学生阅读并留言。教师也可以要求某个学生来发布教师要求的相关内容。

学生可以利用各种网络工具在无压力的情况下进行随意学习，也可以通过各

种工具发布自己的学习体会，分享学习资源。这不但对老师所发布的内容是一个补充，而且起到了随时互动的作用。

教师在整个移动学习内容发布中是指导者、组织者和监控者，要随时监控学生对其内容的反馈，还要确保网络语言健康。

（三）移动学习方式与教学方式的整合

移动学习方式是一种时间、地点都很灵活的学习方式，但因网络诱惑力强，个别学生自控能力差，有的学生懒惰，所以移动学习的效果很难得到保障。

教师在每次上课时匀出十五分钟对学生的移动学习效果进行检测，可以通过提问的方式对本周所发布的内容进行提问，要求学生以个体或小组形式呈现学习效果。提问的方式多种多样，就不同的学习内容给予不同的提问，如让同学背诵发布的英语谚语，猜测发布的词汇的意思。也可以把学生以 E-mail 形式撰写的有代表性的文章呈现给大家，学生可以参考教师的改动，也可以让学生共同批改，查漏补缺，寻找作文的长处和短处。让学生表演发布的歌曲，或就某个电影的内容概括总结自己的感受或就电影中精彩的对白进行复述等。提问不拘形式，但一定要坚持。

教师在课堂中或通过网络对学生在移动学习中所出现的问题进行答疑解惑。以 QQ（微信）留言方式或通过微博解答学生的疑惑，这种情况下，教师太辛苦，同学之间可以互相回答问题，教师就学生统一出现的问题在课堂上进行统一解答。

在学生进行移动学习的初期，教师要对学生利用网络工具学习的方法给予指导，确保每个学生都会熟练使用网络工具。教师可以向网络技术专业人员或班级中个别网络技术操作能力强的同学寻求帮助，或以小组为单位，每组学生中搭配个别网络技术好或英语学习能力强或善于管理的学生，小组学习中要充分发挥每个学生的优势，这样，组织学习效果会更好。

在进行移动学习中，教师每次要清晰地布置学生的学习任务。如今的每个教材都配有光盘，内容大多以 MP3 形式承载，教师可就教材内容布置学生课外利用移动方式进行学习，也可以围绕一个主题，布置给每个小组或个人去查找与此相关的背景知识，读相关文献、做调查、写报告，再回到课堂做陈述或进行讨论。这样可以使学生充分利用课余时间，并把学生的听、说、读、写、译有机结合起来。

学生进行移动学习要充分利用课外时间，相对于传统的第二课堂学习，如英语角等，移动学习更方便快捷，网络资源更丰富。教师要指导学生自主学习与合作学习，鼓励学生利用网络资源和移动工具进行课外学习，克服学习中外界的干扰，养成利用移动工具学习的习惯，这对于学生终身学习习惯的养成是非常有益的。教师在这一学习过程中要多鼓励学生，激发他们的学习兴趣。总之，移动学习是一个日积月累、循序渐进的过程，只有持之以恒才能收到更好的效果。

参考文献

[1] 陈勤.基于移动学习的大学英语教学模式有效性研究[J].黑河学院学报,2019,10(2):106-108.

[2] 陈维维,李艺.移动微型学习的内涵和结构[J].中国电化教育,2008(9):16-19.

[3] 陈玉梅,马永峰.基于移动学习技术的大学英语听力学习研究[J].北京教育学院学报,2014,28(6):59-63.

[4] 戴若辰.基于移动学习的大学生英语听说能力培养研究[J].英语广场,2019(6):128-129.

[5] 付思.基于"互联网+"的大学英语移动学习模式构建[J].黑龙江教育(高教研究与评估),2019(6):46-48.

[6] 傅勇.移动学习在大学英语教学中的应用[J].科教文汇(上旬刊),2019(7):162-163.

[7] 高健.移动通信技术[M].北京:机械工业出版社,2014.

[8] 高璐.基于智慧终端的大学英语课堂建设[J].智库时代,2019(27):209+214.

[9] 官濛.基于英语听说课程构建移动语言教学模式的研究[J].佳木斯教育学院学报,2014(4):341-342.

[10] 郝强,邵荣,闫旭.大学英语课程转型发展的思考[J].运城学院学报,2019(3):64-68.

[11] 候嘉乐.论移动学习在英语教学中的应用[J].智库时代,2019(28):204+217.

[12] 胡开宝,谢丽欣.我国大学英语教学的未来发展方向研究[J].外语界,2014(3):12-19+36.

[13] 黄美园,骆妍冰,李玉琼,等.大学生使用英语移动学习平台现状及建议[J].科技经济导刊,2019,27(13):169.

[14] 黄娜,李秋香,刘萍.大学英语课程设置存在的问题调查[J].智库时代,2019(30):211-212.

[15] 黄腾飞.我国移动学习资源研究现状及发展趋势[J].中国教育技术装备,2019（2）：47–50.

[16] 黄维俊.融合移动学习的大学英语教学新模式[J].课程教育研究,2018（43）：106–107.

[17] 李妮.大学英语语法教学"课堂+移动学习"实证研究[J].沈阳农业大学学报（社会科学版）,2019,21（1）：101–105.

[18] 李属,余胜泉.移动学习时代到来[J].中国教育网络,2013（11）：71–74.

[19] 李燕.基于移动终端的英语混合式听说教学模式构建[J].渭南师范学院学报,2017,32（22）：75–80.

[20] 刘玉婷.基于信息化支持的英语教学模式研究[J].中国信息技术教育,2019（5）：69–71.

[21] 刘长程.移动计算环境下英语听说教学模式的构建与实践[J].黄冈师范学院学报,2015,35（4）：96–99.

[22] 鲁子问.英语教学论（第2版）[M].上海：华东师范大学出版社,2009.

[23] 罗奕欣.互联网环境下大学生英语移动学习情况研究[J].山西财经大学学报,2019,41（S1）：56–60.

[24] 聂玮.数据时代下国内移动学习资源研究[J].电子测试,2019（12）：126–127.

[25] 施良方,崔允.教学理论：课堂教学的原理策略与研究[M].上海：华东师范大学出版社,1999.

[26] 史丹丹.移动学习模式在高校英语教学中的实施策略[J].英语广场,2018（10）：102–103.

[27] 束定芳,王惠东.外语课堂教学功能的重新思考与定位[J].外语与外语教学,2004（8）：19–21.

[28] 束定芳.外语教学改革：问题与对策[M].上海：上海外语教育出版社,2004.

[29] 王会凯.英语语言学流派的理论发展与教学实践[M].北京：光明日报出版社,2014.

[30] 王建华,李品,张珑.移动学习理论与实践[M].北京：科学出版社,2009.

[31] 王卫华.基于微信的大学英语听说教学模式探析[J].才智,2017（2）：110+112.

[32] 王子勤.互联网+时代大学英语移动学习模式教学尝试[C].//外语教育与翻译发展创新研究（第八卷）.四川西部文献编译研究中心,2019：4.

[33] 韦萍.借力移动学习,改善大学英语新生态课堂[J].文教资料,2018(30):229-230.

[34] 魏惠琳.移动学习在大学英语教学中的应用[J].现代交际,2018(24):118-119.

[35] 吴军其,彭玉秋.基于手机终端移动微学习的可行性分析[J].中国教育信息化,2012(19):13-15.

[36] 熊章辉,徐月平,黄玉.大学生移动学习现状调查研究[J].中小学电教,2019(5):37-39.

[37] 叶成林.基于网络的移动学习系统建模与设计研究[D].广东:华南师范大学,2006.

[38] 张洁,王以宁.移动技术促进英语听说教学的实证研究[J].现代远程教育研究,2011(3):72-77.

[39] 张洁.移动技术支持的大学英语混合式听说教学模式研究[D].长春:东北师范大学,2011.

[40] 张锐.移动学习在大学英语教学中的应用研究[J].科技资讯,2019(12):116-117.

[41] 张晓燕.多媒体技术基础[M].沈阳:辽宁科学技术出版社,2012.

[42] 张亚宁.基于微信的移动学习模式在高校英语教学中的应用研究[J].教育现代化,2019,6(25):115-116+124.

[43] 张艳芳,金小梅.新时代大学移动英语学习模式探究[J].文教资料,2019(12):215-216+232.

[44] 赵鸿雁.以微信为主的大学英语移动学习策略分析[J].营销界,2019(13):117+127.

[45] 赵楠,任志祎,张美.基于移动技术的大学英语听说混合式教学模式研究[J].北华航天工业学院学报,2015,25(3):50-52.

[46] 庄志强.移动学习模式在高校英语教学中的应用探讨[J].昌吉学院学报,2018(6):79-83.

[47] 左娟霞.移动智能终端在大学英语教学中的应用[J].智库时代,2019(27):285+298.

[48] Ack C.Richard.Approaches and Methods in Language Teaching[M].Cambridge:Cambridge Unuersity Press,1986.

[49] Aleš Berger, Blanka Klímová.Mobile Application for the Teaching of English[M]. Springer Singapore: 2018-11-29.

[50] Butz M V, Sigaud O, Pezzulo G, el al.Anticipatory Behavior in Adaptive Learning Systems: From Brains to Individual and Social Behavior[M].Berlin: Springer, 2007.

[51] Chunmei Yu.A New Model of College English Teaching under the Background of College English Teaching Transformation- A Study based on the Mobile Learning[P].2017 International Conference on Humanities Science, Management and Education Technology (HSMET 2017), 2017.

[52] Harmer, J.How to Teach English [M].Beijing: Foreign Language Teaching and Research Press, 2000.

[53] Hui Yan.Mobile Learning: A New Approach to College English Teaching[P].4th International Conference on Management Science, Education Technology, Arts, Social Science and Economics 2016, 2016.

[54] Jude Carroll.Tools for Teaching in an Educationally Mobile World[M].Taylor and Francis: 2014-06-27.

[55] Lu Zhang.College English Teaching based on Mobile Learning[P].4th International Conference on Education, Management, Arts, Economics and Social Science (ICEMAESS 2017), 2017.

[56] Natalia S.Incorporating Congnitive/Learning Styles in a General – Purpose Adaptive Hypermedia System[EB/OL].[2007 – 10 – 09].http：// alexandria.tue.nl/ extra.

[57] O'Malley, J.M.Learning strategy applications with students of English as a second language [J].TESOL Quarterly, 1985, 19 (3).

[58] Oxford, R.Language Learning Strategies: What every teacher should know [M]. Rowley, Mass.: Newbury House.1990.

[59] Oxford, R.Use of Language Learning Strategies : A Synthesis of Studies with Implication for Strategies Training [J].System, 1989.17 (2): 235-247.

[60] Richards , J.C., and Nunan, D.Second Language Teaching Education [M].Beijing: Foreign Language Teaching and Research Press, 2000.

[61] Richards, J.C., Beyond Training [M].Beijing: Foreign Language Teaching and Research Press.2001.

[62] Rocío Rodríguez Guerrero, Miguel Andrés Gomez, Carlos Alberto Vanegas.

Mobile Application as a Teaching Strategy to Learn English as a Second Language for Preschool Children[M].Springer International Publishing：2019-04-18.

[63] Strevens, P.New Orientations in the Teaching of English [M] London：Oxford University Press, 1977.

[64] XiuHuan Ma.Application of Mobile learning in College English Teaching[P].2015 3rd International Conference on Education, Management, Arts, Economics and Social Science, 2016.